GUIDES EN POCHE

PROVENCE

HACHETTE

▷ SYMBOLES ET ABRÉVIATIONS

CURIOSITÉS TOURISTIQUES

★ intéressant
★ ★ remarquable
★ ★ ★ exceptionnel

RENSEIGNEMENTS PRATIQUES

⊠ code postal
ℹ office de tourisme
SNCF gare
🚌 gare routière
✈ aéroport

Hôtels **Restaurants**

★ simple
★★ simple mais confortable
★★★ très confortable
★★★★ établissement de grande classe
★★★★L établissement de luxe
● hôtel recommandé

♦ Restaurant agréable
♦♦ Cadre confortable et recherché
♦♦♦ Décor raffiné, service et accueil de grande qualité
♦♦♦♦ Cadre, décor, service et accueil exceptionnels
● Restaurant recommandé

♥ adresses « coup de cœur » de la rédaction

Code des gastronomes

M.C.F. : maître cuisinier de France
M.O.F. : meilleur ouvrier de France
C.S.H.C.F. : chambre syndicale de la haute cuisine française
J.C.R.C. : jeune chef des relais et château
J.R. : jeune restaurateur

Équipement-agrément

ch. chambre
Tx télex
f. fermé
P parking
vue
parc ou jardin
calme
réduction d'au moins 20 % offerte aux enfants de 5 ans et plus
accessible aux handicapés
fond musical
interdit aux animaux
piscine
tennis
golf

Les prix

Hôtels : prix moyen d'une chambre avec bain pour deux personnes, sans petit déjeuner. Pour les établissements avec pension ou demi-pension obligatoire, le prix indiqué est celui de la pension ou de la demi-pension par jour pour deux personnes.

Restaurant : le premier prix correspond au menu le moins cher ; le second indique le prix moyen d'un repas, « enf. » : prix du menu enfant.

Cartes de crédit

Principales cartes acceptées par l'établissement :

AE American Express
DC Diners Clubs
Euro Eurocard
Visa Visa

SOMMAIRE

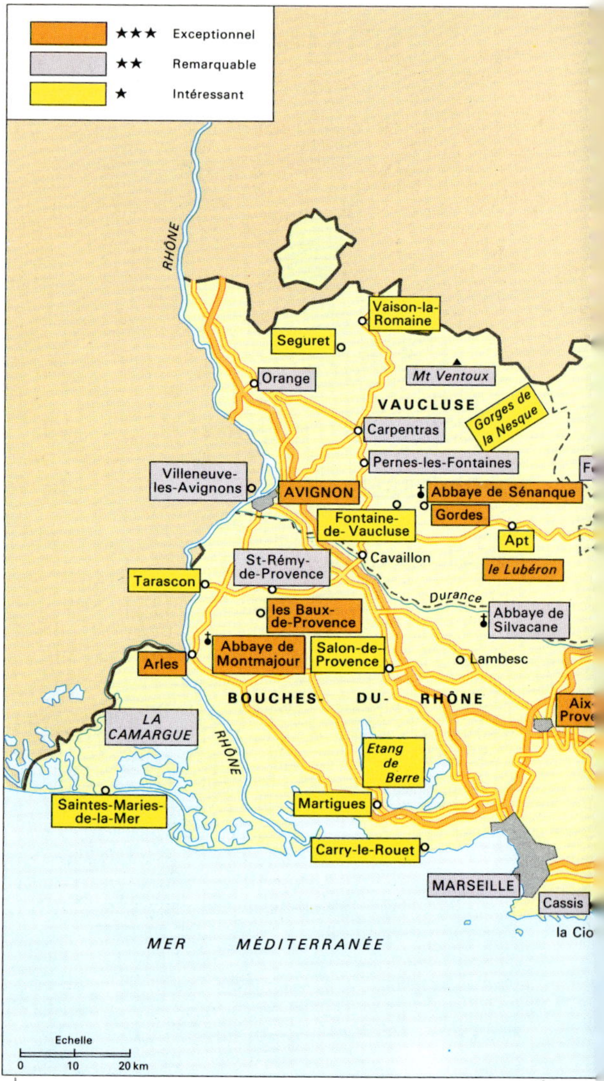

A côté d'une Provence moderne, à la pointe de la recherche technologique, subsistent les images d'une Provence traditionnelle, celle des poètes, celle de Giono : les fontaines de Manosque distillent l'éternité sous les platanes des cours et le regard se perd toujours sur les lavandes du plateau de Valensole ; Ventoux et monts de Vaucluse, pays du miel et de la truffe ; triangle enchanté des Alpilles où les carrières des hommes ressemblent aux

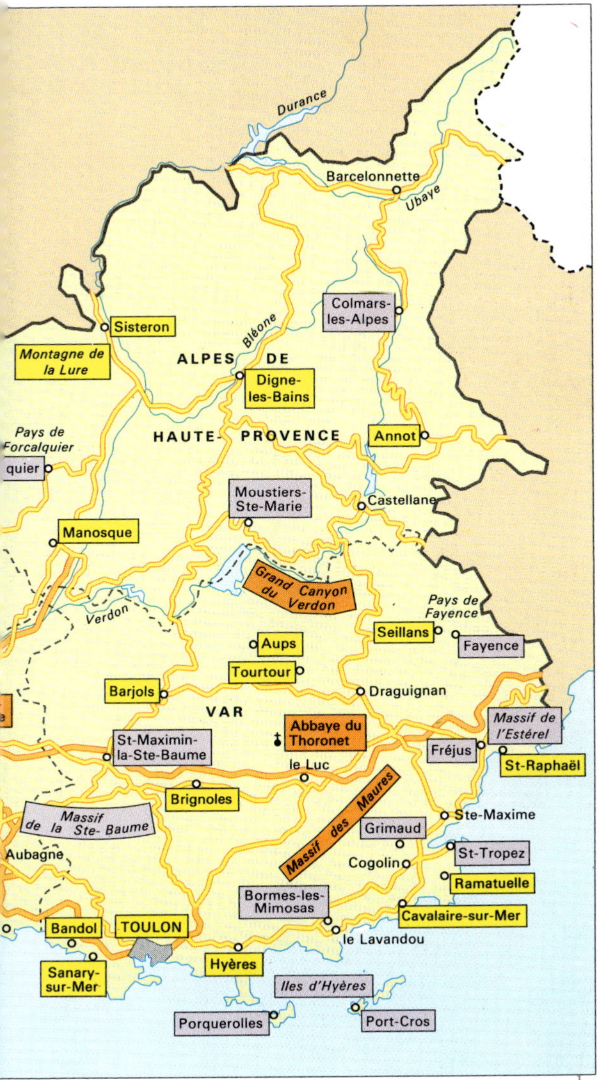

temples des dieux; paysages antiques du cyprès et de l'olivier. Les troncs tordus disent la pérennité, mais la petite feuille d'argent chante au moindre souffle l'éclat de la vie. Aix-en-Provence, Arles et Avignon, dans leurs festivals, parlent le même langage, celui de la musique et de la poésie. Et puis, de calanques blanches en falaises de porphyre rouge, de palmiers tropicaux en jardins exotiques, il y a ces paysages marins étincelants, synonymes de soleil et de vacances.

REPÈRES HISTORIQUES

VIIe s. av. J.-C.-Ve s. apr. J.-C.

Lorsque vers 600 av. J.-C., des **Grecs de Phocée fondent Massalia** (Marseille), la Provence est habitée par des Ligures. ▲ Mais c'est **Rome** qui, pour la première fois, va en **fixer les limites.** Arles, Fréjus, Glanum, Orange, entre autres, témoignent par les monuments qu'elles conservent des effets profonds de la colonisation. Aux dires de Pline l'Ancien, la **Provincia était « une autre Italie »**, fournissant huile et blé, célèbre par ses chantiers navals. Cette latinisation des villes et des campagnes pénètrent moins les villages de l'intérieur et les régions de montagne.

Ve-XVe s.

Après l'effondrement de l'Empire romain d'Occident (476), la Provincia voit défiler Wisigoths, Burgondes et Ostrogoths, puis (535) elle est **annexée pacifiquement par les Francs.** ▲ Le traité de Verdun en 843 donnera la Provence à Lothaire. Un premier royaume de Provence est créé. Intégré à celui de Bourgogne, il est administré par des comtes et des vicomtes. Un de ceux-ci, **Guillaume le Libérateur,** vainqueur des Sarrasins à La Garde-Freinet, prend le titre de **marquis de Provence,** instituant ainsi la première dynastie des Comtes provençaux (972). ▲ La distribution des terres reprises à l'occupant confirme les privilèges de la féodalité locale. C'est une période de paix qui se traduit par la reprise de l'économie, l'amélioration des cultures et le renouveau du commerce maritime. ▲ Cette renaissance économique se confirme aux siècles suivants, lorsque par le jeu des alliances et des successions le marquisat de Provence passe aux mains des **comtes catalans** (1125-1246). ▲ Héritages et mariages sont souvent plus efficaces que les guerres : à la mort de Raimond Bérenger V, la **Provence catalane devient angevine.** ▲ L'histoire des deux maisons d'Anjou qui s'y succé-

Les vieilles rues de Jouques ont bien du charme.

dèrent (1246-1382, 1383-1481) est marquée par une politique expansionniste en Italie du Sud qui sera favorable au commerce provençal. Une politique faite aussi de rivalités permanentes et sanglantes avec la maison d'Aragon. ▲ En 1442, le **roi René** échoue dans sa reconquête du royaume de Naples : il rentre en France et désormais se consacre entièrement à ses domaines de Provence et de Maine-Anjou. Le « bon roi » René, mécène et poète, symbolise un temps de renaissance économique, après une longue période de troubles qui avait été inaugurée par le règne de la **reine Jeanne,** riche en intrigues et aventures, malgré ce que dit la légende. ▲ A la mort de René, la Provence revient à son neveu, **Charles du Maine.** Mais celui-ci meurt un an plus tard laissant par testament **le comté à la France** (1481).

XVe-XVIIIe s.

D'après la « **Constitution provençale** » (les 53 « chapitres »), la Provence s'unissait à la France, « non comme un accessoire à son principal, mais comme un principal à un autre principal, et séparément du reste du Royaume ». **Elle devait garder ses usages, coutumes et privilèges.** En fait, dès le début du XVIe s., cette charte va être remise en cause par le pouvoir central qui ne perdra pas une occasion pour réduire les prérogatives de l'ancien comté. ▲ Dès lors, l'histoire politique de la Provence n'est qu'une longue série d'**affrontements contre la centralisation** administrative. A la faveur de périodes troublées (occupation du duc de Savoie, en 1590; rébellion de Marseille, 1658), les parlementaires provençaux afficheront des velléités de sécession. ▲ Du XVIe au XVIIIe s., le paysage agricole de la Provence se modifie sensiblement : si la **céréaliculture** et l'**élevage ovin** demeurent les bases de l'économie agropastorale, la **vigne se développe,** ainsi que le mûrier pour l'élevage des vers à soie. L'accroissement démographique entraîne le défrichement de nouvelles terres (gastes), tandis que les forêts sont débitées en bois de chauffage ou en planches pour les besoins des arsenaux. Les activités industrielles se limitent alors à la transformation des produits locaux : tanneries, papeteries, terre cuite, textile. **Toulon,** dont les remparts sont tracés par Vauban, devient le **premier port de guerre de la Méditerranée** (1660). ▲ Au siècle suivant, **Marseille,** où sont déjà implantées les industries de corps gras qui feront sa fortune, **éclipse les ports voisins.** 1720, date noire : la peste (la grande), qui, à plusieurs reprises, avait ravagé la Provence, fait 100 000 victimes. Avec 38 000 morts, Marseille perd la moitié de sa population.

LES BORIES

Nuraghi en Sardaigne, trulli dans la Pouille, talayot aux Baléares, casitas en Espagne, orris dans les Pyrénées, capitelles en Languedoc : l'Europe méridionale est parsemée de ces constructions de pierre sèche (5 ou 6 000 rien qu'en Provence). Plus encore que le matériau (lauzes calcaires), c'est la technique de construction (attestée dès le Néolithique) qui caractérise ces « cabanes » : fausse voûte en encorbellement, où chaque pierre est disposée en léger surplomb par rapport à la précédente : au sommet une dalle un peu plus large suffit à assurer la fermeture de l'ensemble. Remises à outils, greniers à foin, bergeries, habitations et... résidences secondaires, sans parler de destinations plus ou moins légendaires, les bories ont été et sont utilisées selon les besoins. Certaines forment de véritables villages comme à Gordes.

1790 à nos jours

L'organisation de la France en départements (1790) entraîne au plan institutionnel la **disparition de l'ancienne Provence.** Trois départements sont créés : **Bouches-du-Rhône, Var** et **Basses-Alpes.** L'année suivante, les États pontificaux annexés forment le département de **Vaucluse.** Puis, la conquête du comté de Nice par les armées révolutionnaires entraîne, en 1793, la création des **Alpes-Maritimes.** Celui-ci reviendra en 1814 au royaume de Piémont-Sardaigne. ▲ On sait qu'en échange de l'intervention de Napoléon III contre l'Autriche en faveur de l'unité italienne, **la Savoie et le comté de Nice seront annexés à la France en 1860.** L'année suivante, Menton et Roquebrune sont rachetés au prince de Monaco. ▲ La construction du P.L.M. vers l'Italie facilite les opérations d'équipements touristiques de la Côte d'Azur. Dès la fin du XVIIIe s., en effet, la région niçoise était devenue un centre de séjour hivernal, en particulier pour les Anglais. Après la IIe Guerre mondiale, les Alpes-Maritimes s'agrandissent encore par la cession de Tende et de la Brigue. ▲ **La région de programme Provence-Alpes-Côte d'Azur,** instituée en 1956, redéfinie en 1970, déborde largement le cadre de la Provence historique : elle englobe les Hautes-Alpes et les Alpes-Maritimes, qui n'appartenaient pas à l'ancien comté. Découpage assez artificiel qui a provoqué bien des réticences.

ADRESSES PRATIQUES

Informations : *Comité Régional du Tourisme Provence-Alpes-Côte d'Azur (C.R.T.)* : 22 A, rue Louis-Maurel, 13006 Marseille, ☎ 91.37.91.22. **Alpes-de-Haute-Provence :** *Comité Départemental du Tourisme (C.D.T.),* Étoile des Alpes, traverse des eaux chaudes, 04000 Digne, ☎ 92.31.57.29. **Bouches-du-Rhône :** *C.D.T.,* 6, rue du Jeune-Anacharsis, 13001 Marseille, ☎ 91.54.92.66. **Var :** *C.D.T.,* 1, bd Foch, B.P. 99, 83003 Draguignan, ☎ 94.68.58.33. **Vaucluse :** *Chambre départementale du tourisme,* pl. Campana, quartier de la Balance, B.P. 147, 84008 Avignon Cedex, ☎ 90.86.43.42. *Dir. rég. de la Jeunesse et des Sports,* 7, av. du Gal-Leclerc, 13331 Marseille Cedex 3, ☎ 91.50.22.23. *Dir. rég. des Affaires culturelles,* 21-23, bd du Roi-René, 13617 Aix-en-Provence Cedex, ☎ 42.27.98.40.

Réservations : *Loisirs-Accueil Bouches-du-Rhône,* domaine du Vergon, 13370 Mallemort, ☎ 90.59.18.05. *Vaucluse-Tourisme-Hébergement,* Gare, 84000 Avignon, ☎ 90.82.05.81 ; pour rens. ☎ 90.85.56.68.

S.O.S : Alpes-de-Haute-Provence : ☎ 17. Bouches-du-Rhône : *Samu :* ☎ 91.49.91.91. Var : *Samu :* ☎ 94.27.07.07. Vaucluse : *Samu :* ☎ 90.88.11.11. *Centre anti-poisons :* Marseille, ☎ 91.75.25.25.

Météo : Alpes-de-Haute-Provence : ☎ 92.64.17.33. Bouches-du-Rhône : ☎ 42.09.09.09. Var : prévisions côtières, ☎ 94.46.90.11 ; montagne : ☎ 94.64.17.47. Vaucluse : ☎ 90.86.55.48 (bulletin météo et état des routes) et 90.82.69.00 (météo des neiges en hiver et l'été calendrier des manifestations).

Gîtes ruraux et chambres d'hôte : rens. aux *relais départementaux :* Alpes-de-Haute-Provence : *Relais départemental,* 66, bd Gassendi, B.P. 117, 04007 Digne Cedex.

Location de camping-car : Bouches-du-Rhône : *Selg Sarl,* R.N. 7, 13760 Saint-Cannat, ☎ 42.28.23.23. Vaucluse : APTA *Location garage Germain,* 56, av. Victor-Hugo, 84400 Apt, ☎ 90.74.10.17.

Villages vacances : nombreux dans la région. Rens. aux *C.D.T.* et aux principales ass. gestionnaires de villages telles que *U.C.P.A.,* 62, rue de la Glacière, 75640 Paris Cedex 13, ☎ (1) 43.36.05.20. *Léo-Lagrange Loisirs,* 19, rue de la Grange-Batelière, 75009 Paris, ☎ (1) 45.23.45.45 ; *Tourisme et Travail,* 187, quai de Valmy, 75010 Paris, ☎ (1) 42.03.96.16 ; O.C.C.A.J. : 4, bd de la Libération, 13001 Marseille, ☎ 91.48.14.28.

Festivals et manifestations culturelles : mai : *festival international de BD* à Aix-en-Provence ; *festival de musique* à Apt. **Juin :** Aix *en musique ; festival de musique sacrée* à Nice ; *festival du cinéma des frères Lumière* à La Ciotat. **Juil. :** *festival international de musique et d'art lyrique* à Aix ; *festival artistique* – musique, photo, danse – à Arles ; *rencontres internationales de la photographie* à Arles ; *festival de jazz* à Antibes-Juan-les-Pins ; *festival international de folklore* de Château-Gombert à Marseille ; *chorégies,* à

Orange; *festival de la musique ancienne* à Sénanque-Gordes; *nuits de la citadelle* à Sisteron; *festival de jazz New Orleans* à St-Raphaël et Digne; *festival* à Vaison-la-Romaine. **Mi-Juil.** : *festival d'art chrétien* à Digne. **Juil.-Août** : *l'été marseillais* et *festival des îles* à Marseille. **Août** : *festival d'art dramatique* à Avignon; *semaines musicales du Lubéron; rencontres musicales* à St-Rémy-de-Provence; *festival de musique* à La Roque-d'Anthéron. **Sept.** : *festival du jeune cinéma* à Hyères; *automne musical* à Digne. **Oct.** : *journées médiévales* à Brignoles.

Foires et fêtes folkloriques : janv. : *fête des tripettes* à Barjols. **Fév.** : *foire aux plantes* à Draguignan; *fête de l'oursin* à Carry-Le-Rouet et Sausset; *mois de l'oursin* à Carry-le-Rouet. **Mars** : *foire internationale* à Marseille; *foire à la brocante* à Ste-Maxime; *foire de printemps* à Grans. **Mai** : *foire à la brocante* à Avignon; *fête équestre de la Nacioun Gardiano* à Arles; *floralies* à Ollioules. **24 et 25 mai** : *pèlerinage des gitans* aux Saintes-Maries-de-la-Mer; *foire aux chevaux* à Eyguières. **Juin** : «*Carreto ramado*» (charrettes attelées de chevaux harnachés à la mode sarrasine) à Barbentane; *foire de l'olive* à Draguignan; *salon méditerranéen du cheval* à Marseille; *fêtes de la St-Pierre* (patron des pêcheurs) à Toulon. **Juil-août** : *foire aux santons* à Valensole. **Août** : *corso de la lavande* à Digne; *pèlerinage de Saint-Symphorien* à Vernegues. **Sept.** : *foire aux bestiaux* à Salon; *foire à la lavande* à Digne. **Oct.** : *fêtes des châtaignes* aux Mayons. **Nov.** : *foire de la St-Véran* à Cavaillon. **Déc.** : *fêtes des bergers* aux Baux; *foire aux santons* à Marseille, Toulon et à Sollies-ville; *salon international des santonniers* à Arles.

Manifestations sportives : En camargue et dans le haut pays : *corridas et courses à la cocarde*, rens. au *C.D.T.* **Mars** : *motocross* à l'Isle-sur-La-Sorgue. **Avr.** : *ascension pédestre* du mont Faron (Toulon); *festival international open de tennis* à Monaco. **Mai** : *motocross* à Sainte-

Lumière, couleurs et joie des fêtes provençales.

Cécile-des-Vignes et Pernes; *grand prix de France moto* au Castellet; *rallye terre de Provence* (vend., sam. dim.). **Juin** : *traversée du vieux port* en embarcations hétéroclites à Marseille. **Juil.** : *grand prix de formule I* au Castellet. **Sept.** : *le Bol d'Or* au Castellet.

Parcs naturels : *Maison du parc, la Sapinière,* 04000 Barcelonnette ☎ 92.81.21.31. *Parc national de Port-Cros,* 50, av. Gambetta 83400 Hyères, ☎ 94.65.32.98. *Parc naturel de la Camargue,* Le Mas de Pont-de-Rousty, 13200 Arles, ☎ 90.97.10.93. Carte *I.G.N.* 303. *Parc naturel du Lubéron,* place Jean-Jaurès, 84400 Apt, ☎ 90.74.08.55. *Parc régional marin de la Côte Bleue,* port de Sausset-les-Pins, ☎ 42.45.45.07.

Randonnées : la région est traversée par les G.R. 4, 5, 52, 56, 6, 9, 91, 92, 97 (topoguides). Très utiles également les cartes *Didier-Richard* au 1/50 000 n°s 1, 9, 19 (sentiers et refuges en surcharge). Liste des ass. membres de la *Féd. française de la randonnée pédestre* au *Comité régional P.A.C.A,* 123, allée des Temps-Perdus, 84300 Cavaillon, ☎ 90.71.26.05. **Alpes-de-Haute-Provence :** *Ass. dép. des relais et itinéraires (A.D.R.I.),* 14, bd V.-Hugo, 04000 Digne, ☎ 92.31.37.70. **Bouches-du-Rhône :** *Comité dép. de la randonnée pédestre,* 16, rue de la Rotonde, 13001 Marseille; *Excursionnistes marseillais,* 33, allées Léon-Gambetta, 13001 Marseille; *Excursionnistes provençaux,* 8, rue Littera, 13100 Aix-en-Provence, ☎ 42.21.03.53. **Var :** *Comité dép. du Var de la F.F.R.P.,* 3, imp. Baudin, 83000 Toulon; *Excursionnistes toulonnais,* 26, rue d'Alger, 83000 Toulon. *Ass. Lei Caminaire,* Le Valat-Seillans, 83440 Fayence, ☎ 94.76.06.04. **Vaucluse :** *Comité départemental,* 63, av. C.-Franck, 84000 Avignon. *Cimes et sentiers du Haut-Comtat.* Centre culturel *A Cœur Joie,* av. C.-Geoffrey, 84110 Vaison-la-Romaine. La *Chambre dép. de tourisme* publie un dépliant (avec carte) indiquant toutes les possibilités de randonnée du dép.

Base de loisirs : *Aquacity Pennes-Mirabeau,* route de Septèmes-les-Vallons, 13170 les Pennes-Mirabeau, ☎ 91.96.12.13; *Aquatica,* R.N. 98, route de Saint-Tropez, 83600 Fréjus, ☎ 95.52.01.01 (juin-sept.); *El Dorado City (Show Western),* Vallon du pas de la Fosse, 13220 Châteauneuf-lès-Martigues, ☎ 42.79.86.90. *O.K. Corral,* R.N. 8, Cuges-les-Pins, ☎ 42.73.89.30.

LES VINS DE PROVENCE

Connus dès l'Antiquité, les vignobles de Provence se répartissent des confins de la vallée du Rhône aux portes de Nice et comprennent des AOC, VDQS et vins de pays. Les côtes-du-ventoux, au nord, sont des vins agréables; les côtes-du-lubéron, en plein essor, offrent des bons vins à prix modestes. Plus au sud, les coteaux d'Aix-en-Provence (et coteaux de baux) se sont affirmés comme des vins de qualité élevée. Une curiosité aux portes d'Aix : palette, un vin rare. Fort connus, les côtes-de-provence le sont surtout en rosé; mais ils excellent aussi dans les rouges. Les coteaux varois sont depuis peu classés en VDQS. Quant au vin des Marseillais, c'est le cassis, un blanc pour la bouillabaisse... Un peu plus loin, le bandol, connu pour sa tenue, a besoin de vieillir mais on peut le boire jeune sur des mets convenables. Dans le comté de Nice, le bellet est un vin original en blanc et en rouge. En Haute-Provence enfin, autour de Manosque et Forcalquier, persistent quelques vignes qui donnent le coteau-de-pierrevert.

→ Voir le ***Guide Hachette des Vins de France.***

Tourisme équestre : carte au 1/50 000 « En Haute-Provence », n° 14, 19 et 24. Éd. Didier-Richard. *Ass. régionale* (Var et Alpes-Maritimes) *pour le tourisme équestre et l'équitation de loisirs,* Arte Proca, 19, bd V.-Hugo, 06130 Grasse, ☎ 93.42.62.98. *Ass. régionale pour le tourisme équestre* (Vaucluse, Bouches-du-Rhône, Alpes-de-Haute-Provence), Maison du Docteur, 13810 Eygalières, ☎ 90.95.90.57. **Alpes-de-Haute-Provence** : *A.D.T.E.,* M. Lorion, La Grosse Coasse, 04000 Digne, ☎ 92.31.51.72 et 92.34.71.04. **Bouches-du-Rhône :** *A.D.T.E.,* M. Poitevin, Les Collets-Rouges, 13127 Vitrolles. *Comité dép. d'équitation de randonnée du Var,* 710, av. du Fournas, 83300 Draguignan, ☎ 94.68.30.75. **Vaucluse** : *A.D.T.E.,* M. François, chemin Saint-Julien, 30400 Les Angles, ☎ 90.25.38.91. *A.T.M. Voyages,* 15, pl. Castil-Blaze, 84300 Cavaillon, ☎ 90.71.37.66 propose des randonnées équestres autour des monts du Vaucluse.

Cyclotourisme : *Comités dép. de la féd. française du cyclotourisme.* **Var** : 259, chemin rural 133, quartier d'Ouicarde, 83500 La Seyne. **Alpes-de-Haute-Provence** : M. Exubis, 22, av. de St-Véran, La Cassette, 04000 Digne. **Bouches-du-Rhône**, M. Maillet, 15, lot. de la Trevaresse, 13540 Puyricard, ☎ 42.92.13.41. **Vaucluse** : M. Goutte-baron, 2, rue Lavoisier, 84000 Avignon.

Attelages-roulottes : location : M. Moyne, domaine St-Sauveur, 84320 Entraigues, ☎ 90.83.16.26. M. Pavon, le Clos des Princes, 84660 Maubec, ☎ 90.71.90.29 et 90.71.70.91.

Navigation fluviale : descente du Rhône sur *le Cygne,* un yacht-salon : rens. et rés., quai de la Ligne, 84000 Avignon, ☎ 66.59.45.08, du 1er mai au 14 août et au S.I. *L'Hermès,* rens. à l'*O.T.,* ☎ 90.82.65.11.

Trains touristiques : *le train des pignes,* de Nice à Digne. *Le Petit train de la citadelle,* 04200 Sisteron, rens. *O.T.,* ☎ 92.61.12.03.

Tourisme technique : *Port autonome de Marseille,* 23, pl. de la Joliette, 12317 Marseille Cedex 01, ☎ 91.91.90.66 (sur R.-V.). *Raffinerie BP,* Lavéra, 13117 Martigues (sur demande en été, enfants exclus). ☎ 42.81.08.78 et 42.81.44.41.

Stages d'artisanat : *A.D.A.C.,* domaine de la Garde, rte de Berre, 13150 Éguilles, ☎ 42.92.43.33. *Arts et créations artisanales,* Mme Mercier, 30, bd Michelet, 13008 Marseille, ☎ 91.77.07.50. *Artisanat club Mazarin,* 30, rue Cardinale, 13100 Aix-en-Provence, ☎ 42.38.46.60. *A.R.T.I.S.A.R.T. 94,* 7, bd Mirabeau, 04100 Manosque, ☎ 92.87.56.11. Autres rens. aux *C.D.T.* et *C.R.T.*

Autres stages : Découverte gastronomique et initiation, rens. aux *C.D.T.* et *S.L.A.* des Bouches-du-Rhône. Stages de géologie de juil. à sept. à Digne.

Le guide du vin : *Comité interprofessionnel des vins des Côtes de Provence,* 3, av. Jean-Jaurès, 83460 les Arcs-sur-Argens, ☎ 94.73.33.38.

Spécial jeunes : *Aroeven,* rectorat, 06081 Nice Cedex, ☎ 93.81.45.96 (randonnée itinérante de Nice à Digne). *C.I.D.J.,* 4, rue de la Visitation, 13004 Marseille, ☎ 91.49.91.55.

Plongée sous-marine : *Fédération de plongée,* 24, quai de la Rive-Neuve, 13007 Marseille, ☎ 91.33.99.31.

Canoë-kayak : *Comité dép.* : **Bouches-du-Rhône** : 142, av. J.-Vidal, 13008 Marseille, ☎ 91.73.30.93. *Jeunes-Canoë-kayak* à Avignon, ☎ 90.87.52.47. *Ligue Alpes-Provence,* ☎ 66.89.83.10. **Alpes-de-Haute-Provence** : *Plein air nature,* 14, bd Victor-Hugo, 04000 Digne,

IDÉES POUR UN WEEK-END

Arles, le samedi matin : la vieille ville, le marché. Déjeuner en ville, Les Baux, Glanum et Saint-Rémy puis retour aux Baux qui sont une excellente étape gastronomique.
Le lendemain, deux possibilités : poursuivre dans la même couleur de paysage en passant des Alpilles à la montagne du Lubéron (déjeuner à Cucuron), ou repasser par Arles pour gagner les horizons de Camargue (déjeuner aux Saintes-Maries-de-la-Mer).

☎ 92.31.37.70. **Vaucluse** : Base de plein air, 84800 Fontaine-de-Vaucluse.

Golf : terrains de 18 trous à Aix-en-Provence, Les Milles, La Londe-Valcros, Peille-Mont-Agel, St-Raphaël-Valescure. Terrains de 9 trous à Ste-Maxime-Beauvallon.

Sports d'hiver : pour la Haute-Ubaye, bureau des guides à Barcelonnette, *O.T.*, ☎ 92.81.04.71 ; Montserein, Montventoux, 84340 Malaucère, ☎ 90.63.49.44.

Escalade-alpinisme : Section Ubaye : mairie, 04400 Barcelonnette, ☎ 92.81.04.73. *Fédération de la montagne*, 12, rue Notre-Dame, 13007 Marseille. *Cie des guides des monts du Vaucluse*, rens. : *C.D.T. Vaucluse.*

Spéléologie : *Délégation régionale Provence-Alpes-Côte d'Azur*, M. Acquaviva, 29, bd Rodocanachi, 13008 Marseille, ☎ 42.72.20.89. *Comités dép.* : **Alpes-de-Haute-Provence** : M. Languille, quartier de Trégastel, 04220 Ste-Tulle, ☎ 92.78.20.89. **Bouches-du-Rhône** : M. Carol, F4, résidence Bayonne, 13800 Istres. **Var** : M. Tainton, Le Pont-d'Aroun, 83110 Sanary-Vaucluse. *Soc. de spéléologie d'Avignon*, 67, rue J.-Vernet.

Vol à voile : *Ligue du Sud-Est de vol à voile*, M. Gianti, Le Collet-de-Christine, 83440 Les Tourettes-Fayence, ☎ 93.20.97.22. *Union aérienne Sisteron-Durance* à Vaumeilh, 04200, ☎ 92.61.27.45.

Parachutisme : *Ligue Provence de parachutisme*, 8, rue Venture, 13006 Marseille, ☎ 91.33.38.69. *Ligue Côte-d'Azur de parachutisme*, B.P. 8, Le Cannet-des-Maures, 83340 Le Luc, ☎ 94.60.72.83. *Centre-inter-clubs*, aérodrome Avignon-Pu, ☎ 90.25.19.20.

Aile volante : ☎ 93.88.52.19. *Ligue de Provence*, le Garagaï, domaine de Roques Blanches, 13770 Venelles, ☎ 42.57.76.67.

Vol ultra-léger-motorisé : *Centre de Provence-Côte d'Azur de vol ultra-léger*, 83129 La Mole, ☎ 94.49.57.71. *Centre national de formation U.L.M.*, Rustrel, 84400 Apt, ☎ 90.74.30.00.

Chasse : rens. aux *féd. dép.* : **Alpes-de-Haute-Provence** : 79, bd Gassendi, 04000 Digne, ☎ 92.31.02.43. **Bouches-du-Rhône** : quartier Maliverny, 13540 Puyricard, ☎ 42.92.16.75. **Var** : 7, bd G.-Péri, 83300 Draguignan, ☎ 94.68.03.13. **Vaucluse** : résidence Thiers, rue R.-Salengro, 84000 Avignon, ☎ 90.82.51.99.

Pêche : rens. aux *féd. dép.* : **Alpes-de-Haute-Provence** : 79, bd Gassendi, 04000 Digne, ☎ 92.31.57.14. **Bouches-du-Rhône** : 30, bd de la République, 13100 Aix-en-Provence, ☎ 42.26.59.15. **Var** : B.P. 104, 83170 Brignoles, ☎ 94.69.05.56. **Vaucluse** : 5, Champfleury, 84000 Avignon, ☎ 90.86.62.68.

AIX-EN-PROVENCE★★★

Avignon 75, Nice 176, Paris 753 km
124550 habitants ⌧ 13100

Aix résume à elle seule toutes les images de la Provence noble. Le XVIIe et le XVIIIe s. lui ont donné l'élégance raffinée de ses hôtels particuliers, celle de ses places et de ses avenues, de ses fontaines moussues. En été, boire un pastis à la terrasse des « Deux Garçons » a presque valeur de rite initiatique dans une ville alors entièrement vouée à la musique. C'est l'époque du fameux festival international doublé d'une fête de la rue quasi permanente.

▸ Le **cours Mirabeau**★★ (AB2) est le symbole même du charme aixois : cafés et brasseries, librairies et confiseurs (rivalisant dans le fameux calisson), en font un lieu de promenade privilégié. De chaque côté s'alignent de beaux hôtels des XVIIe et XVIIIe s. où l'influence du baroque italien apporte une certaine ampleur ; voir surtout, au nº 38, l'**hôtel Maurel de Pontevès**★

Oasis de paix au cœur de la ville, le cloître St-Sauveur.

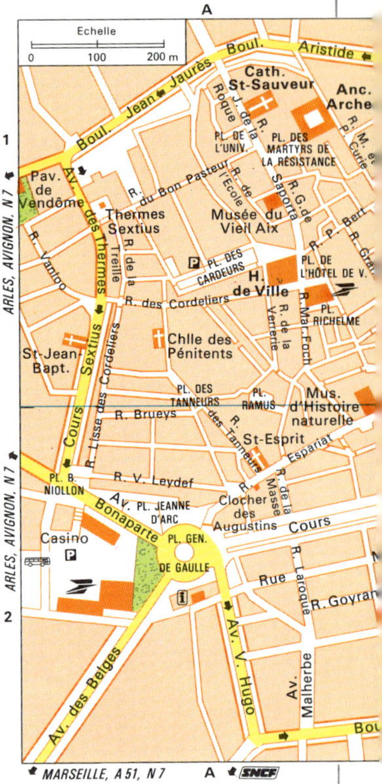

(1647); le nº 55 est la maison où Cézanne passa son enfance. ▸ La **place d'Albertas★★** (A2), avec ses hôtels XVIIIe s. et sa fontaine, offre un merveilleux décor aux manifestations musicales de l'été. ▸ A proximité, 6, rue Espariat, l'**hôtel de Boyer d'Éguilles★** (1675) abrite le museum d'histoire naturelle *(10 h-12 h/14 h-18 h; f. dim.)*. ▸ A l'ombre des platanes, la **place Richelme** (A2) accueille chaque matin depuis des siècles le marché aux fruits et aux légumes. ▸ Sur la **place de l'Hôtel-de-Ville** (A1), ce sont les fleurs qui colorent les étals *(mar., jeu., sam. le mat.)*. L'hôtel de ville (XVIIe s.; cour★, bibliothèque Méjanes, fondation Saint-John Perse; *9 h-12 h/14 h-17 h sf sam. 12 h-17 h*) voisine avec la **tour de l'Horloge★** (XVIe s.) dont les quatre personnages symbolisent les saisons. ▸ Le **musée du Vieil Aix★** (A1), dans l'hôtel d'Estienne de Saint-Jean★, fait revivre les souvenirs locaux *(10 h-12 h/14 h-17 h; 18 h en été; f. lun. et fév.)*. A côté (nº 19, rue Gaston-de-Saporta), **hôtel de Châteaurenard★** (1650; escalier monumental★). ▸ En vous dirigeant vers la cathédrale, vous pouvez voir au passage le **musée des Tapisseries★** (tapisseries de Beau-

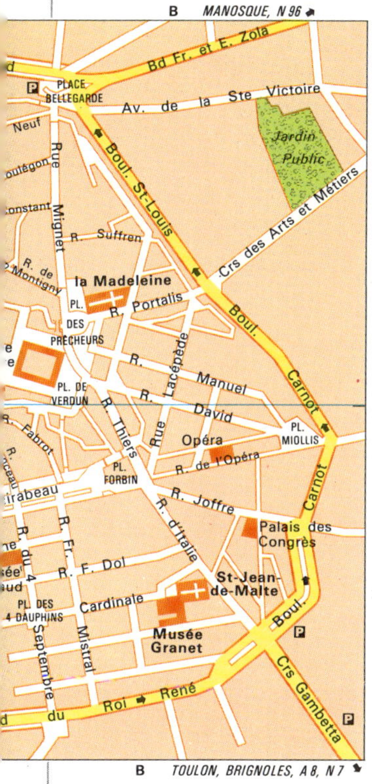

vais★★ des XVIIe et XVIIIe s., *10 h-12 h/14 h-17 h, 14 h 30-18 h 30 en saison; f. mar., janv. et certains j. fériés*) aménagé dans l'**archevêché★** (XVIIe-XVIIIe s.); la cour (grille★) accueille les principales manifestations du festival. ▸ Le **cloître Saint-Sauveur★★**, roman de la fin du XIIe s., est une merveille de grâce et de légèreté. ▸ La **cathédrale Saint-Sauveur★★** (A1) nous offre une véritable leçon d'architecture et de décoration puisque tous les siècles du Ve au XVIIIe s. y ont laissé leur marque; le bâtiment gothique (1285-1350) englobe (bas-côté S.) la nef d'une ancienne église romane. On admirera plus particulièrement les vantaux★ du portail (1510), le sarcophage de saint Mître★ (Ve s., 1re travée bas-côté dr.), le baptistère★ mérovingien (2e et 3e travées) et (mur dr. grande nef) le célèbre **triptyque du Buisson ardent★★★** de Nicolas Froment (1476), assez typique de l'école provençale de cette époque où un certain réalisme flamand se manifeste à côté des recherches de la Renaissance italienne (perspective, paysage). ▸ Vous êtes ici au cœur de la partie la plus ancienne d'Aix qui se prolonge jusqu'à l'**établissement thermal** (A1). Les eaux d'Aix sont en effet exploitées depuis

Admirable toile de fond de la campagne aixoise, la montagne Sainte-Victoire.

l'époque romaine. Non loin, le **pavillon de Vendôme** est une ancienne « folie » (1665), faiblesse du duc de Vendôme pour la « Belle du Canet ». Le peintre Jean-Baptiste Van Loo (1684-1745) en fit son atelier et y mourut (mobilier et objets d'art, provençaux; *10 h-12 h/14 h 30-17 h, 18 h 30 en saison; f. mar. et 2e quinz. juin*). ▶ Par les petites rues pleines de charme du Vieil Aix, on gagnera la **place des Prêcheurs** (B1) où les vraies « herbes de Provence » font bon ménage avec les fruits et les légumes du marché★ *(mar., jeu., sam., le mat.)*, tandis que la « broc » et les antiquités envahissent la place de Verdun voisine. ▶ **L'église Sainte-Marie-Madeleine** (B2), XVIIIe-XIXe s., est surtout intéressante pour les œuvres d'art qu'elle renferme. Le **triptyque de l'Annonciation★★** (panneau central), du XVe s., connu notamment pour le sourire de la Vierge, est dans le bas-côté g. ▶ Revenir au cours Mirabeau pour prendre la **rue du 4-Septembre** (B2) où le **musée-bibliothèque Paul-Arbaud** retiendra les amateurs de faïences provençales★; documents sur le Félibrige et la Provence

(14 h-17 h; f. dim. et j. fériés). A proximité, l'**hôtel de Gaumont★** (3, rue J.-Cabassol, B2), du XVIIIe s., offre un cadre somptueux au conservatoire de musique et de danse Darius-Milhaud. ▶ La **place des Quatre-Dauphins★** (B2), avec hôtels anciens et fontaine (1667), est une de ces places d'Aix où il fait bon perdre son temps. ▶ Le **musée Granet★★** (B2), dans l'ancien prieuré des Chevaliers de Malte (1675), témoigne tout à la fois de la richesse, du goût et du discernement de l'aristocratie et de la grande bourgeoisie aixoises *(10 h-12 h/14 h-17 h, 18 h en été; f. mar. et j. fériés).* Le peintre Granet (1775-1849), l'un des principaux donateurs, est bien entendu représenté au sein de l'école provençale. Les écoles françaises du XVIe au XIXe s. occupent une place très importante : François Clouet, M. Quentin de La Tour, Nicolas de Largillière, cinq tableaux d'Ingres dont le **portrait de Granet★★**. Bons tableaux des écoles flamande et hollandaise (Rubens, Franz Hals, Rembrandt), allemande (**portrait de Thomas Morus★** par Mabuse) et italienne (Guerchin, Corrège, Gior-

CÉZANNE ET LA CAMPAGNE AIXOISE

Né à Aix en 1839, Cézanne fut peu apprécié de ses contemporains (y compris de sa famille) qui le jugeaient un peu fou et le considéraient comme un barbouilleur dilettante. C'est seulement deux années avant sa mort (1906) qu'il connaît la gloire. Le peintre recherche pour travailler la solitude des propriétés familiales ou des cabanons qu'il loue dans les environs d'Aix. De là, il apprécie les formes géométriques des carrières de Bibémus, les cubes des maisons, la masse puissante de la Sainte-Victoire, tous ces paysages aux lignes amples et découpées qui caractérisent son œuvre. Négligeant le détail et l'anecdote, c'est une nouvelle vision du monde que nous apporte ce précurseur de l'art abstrait. Ses souvenirs sont rassemblés au pavillon Cézanne à Aix.

dano, etc.). Récente ouverture d'une salle Cézanne.

Et aussi... ▸ L'**atelier Paul Cézanne** (par A1), reconstitué dans l'état où il se trouvait à la mort du peintre en 1906 (souvenirs, centre d'études cézaniennes; *10 h-12 h/14 h-17 h, 14 h 30-18 h en saison; f. mar. et j. fériés*). ▸ La **Fondation Vasarely**★ *(4 km O.)*, à la fois musée et centre d'études, est un exemple type de l'intégration architectonique et plastique dans le paysage urbain, qui est l'une des recherches essentielles de l'artiste *(9 h 30-12 h 30/14 h-17 h 30; f. mar.)*.

▷ Aux environs

▸ L'**oppidum d'Entremont** *(3 km N.)*, ruines de l'ancienne capitale de la confédération celto-ligure des Salyens *(9 h-12 h/14 h-17 h, 18 h en saison; f. mar.)*. ▸ L'**aqueduc de Roquefavour**★ *(13,5 km O.)*, construit en 1847 pour alimenter Marseille en eau de la Durance. A 3,5 km N., **Ventabren** est un joli village dominé par les ruines d'un château.

La montagne Sainte-Victoire★★ *(circuit de 59 km; 1/2 journée)*

Admirable toile de fond de la campagne aixoise, la **montagne Sainte-Victoire**★★ dresse vers le ciel sa haute vague calcaire nimbée de lumière bleutée. Elle fut l'un des sujets de prédilection de Paul Cézanne. ▸ **Aix** (sortie par C2), puis la route Cézanne (D 17). ▸ **Le Tholonet** (site★) est l'une des promenades favorites des Aixois; château du XVIIIe s., précédé par de superbes allées de platanes. ▸ De la D 17 partent plusieurs sentiers balisés vers la Sainte-Victoire et le **plateau du Cengle**, table calcaire qui forme au S. le soubassement de la montagne. ▸ **Puyloubier**; ruines d'un château médiéval. ▸ **Pourrières.** ▸ Prendre au N. la D 23, puis après 7 km la route de Vauvenargues (D 223, D 10) qui descend dans le haut vallon de l'Infernet★. ▶ Isolé sur un mamelon, le **château de Vauvenargues**, XVIe-XVIIe s., fut la propriété de Pablo Picasso qui y peignit notamment ses « Déjeuners sur l'herbe », en 1960. L'artiste a été inhumé sur la terrasse. ▶ **Les Cabassols** : de ce hameau se détache le sentier (G.R. 9) le plus aisé pour la Sainte-Victoire : 1 h 30 jusqu'au prieuré, puis 10 mn jusqu'à **la croix de Provence**★★ (alt. 945 m) d'où l'on découvre un immense horizon, des Alpes du Dauphiné à l'Esterel. ▶ **Barrage du Bimont** *(1,2 km à g.)* : la Sainte-Victoire se reflète dans son lac (site★) ; 30 mn à pied jusqu'au barrage Zola. ▶ La D 10 passe au pied du **château de Saint-Marc-Jaumegarde** (XVIe s.). □

Adresses pratiques

AIX-EN-PROVENCE

☎ 42.26.01.18.
ⓘ 2, pl. du Gal-de-Gaulle (A2), ☎ 42.26.02.93.
✈ *Marseille-Marignane,* 27 km N.-O., ☎ 42.89.90.10. *Agence Air France,* 2, rue Aude, ☎ 42.26.26.21.
SNCF (A2), ☎ 42.26.02.89/42.27.51.63.
🚌 rue Lapierre (A2), ☎ 42.27.17.91.
Loc. de voitures : *Avis,* Gare S.N.C.F. ; 11, cours Gambetta (B2), ☎ 42.21.64.16.

Hôtels :

● ★★★★ *Pullman Le Pigonnet,* (ex P.L.M.), 5, av. du Pigonnet (A2), ☎ 42.59.02.90, Tx 410629, AE DC Euro Visa, 50 ch. Ⓟ **Charmante demeure,** 500. Rest. ♦♦♦ *Le Patio* ♿ f. dim. soir (h.s.). **Cuisine de tradition, service au jardin.** Du 15 juil. au 31 août, dîners concerts de harpe les lun., mercr. et sam., 190-250.

★★★★ *Le Mas d'Entremont,* montée d'Avignon, RN 7, ☎ 42.23.45.32, 16 ch. Ⓟ ♿ 1/2 pens. oblig. (e.s.), f. 1er nov.-15 mars. **Jolis meubles et patio,** 450-550. Rest. ♦♦♦ ♿ f. lun. midi et dim. soir, 170-190.

● ★★★ *Augustins,* 3, rue de la Masse (A2), ☎ 42.27.28.59, Tx 441052, AE DC Euro Visa, 35 ch. simple : 395, double : 440-690 Ⓟ f. 20 déc.-6 janv., 400.

● ★★★ *Le Manoir* (R.S.), 8, rue d'Entrecasteaux (A2), ☎ 42.26.27.20, Tx 441489, AE DC Euro Visa, 43 ch. Ⓟ ♿ f. 15 janv.-15 fév. **Charmante demeure historique,** cloître du XIVe s., 225.

★★★ *Caravelle,* 29, bd du Roi-René (B2), ☎ 42.21.53.05, Tx 401015, Euro Visa, 30 ch. Ⓟ 160-270.

★★★ *Le Nègre-Coste,* 33, cours Mirabeau (A-B2), ☎ 42.27.74.22, Tx 440184, AE DC Euro Visa, 37 ch. Ⓟ 310-570.

★★★ *Mas de la Bertrande,* Beaurecueil, N 7, dir. Nice, ☎ 42.66.90.09, AE DC Visa, 10 ch. Ⓟ f. 15-28 fév., 260. Rest. ● ♦♦ f. lun. et dim. (sauf fériés) et 1er quinz. d'oct. **Excellente cuisine provençale : pâtes à l'encre, tian d'agneau, gratin de courgettes,** 150-250 ; enf : 65.

★★★ *Résidence Rotonde,* 15, av. des Belges (A2), ☎ 42.26.29.88, AE DC Euro Visa, 42 ch. Ⓟ f. 20 déc.-5 janv., 210-320.

★★ *Cardinal,* 24, rue Cardinale, ☎ 42.38.32.30, AE, 20 ch. ♿ simple : 160-190, double : 230-250.

★★ *Moderne,* 34, av. Victor-Hugo (A2), ☎ 42.26.05.16, AE DC Visa, 22 ch., f. 1er-28 fév., 220.

★★ *Relais Ste-Victoire* (L.F.), ☎ 42.28.94.98, AE Visa, 8 ch. Ⓟ ♿ f. lun. soir et dim. soir , fév., 180. Rest. ● ♦♦ ♿ **Excellents menus de spécialités provençales,** 250-300 ; enf : 45.

Restaurants :

● ♦ *Aux Semailles,* 15, rue Brueys (A2), ☎ 42.27.23.44 ♪ ♿ f. lun. midi et dim. Joli restaurant aménagé en trois belles salles intimes et sobres. Cuisine régionale fleurant les parfums provençaux : gâteau de lotte et chapon, mignonnettes de sole au gingembre, 250.

● ♦♦ *Le Clos de la Violette,* 10, av. de la Violette (A1), ☎ 42.23.30.71, AE Visa ꙳ ꙳ ꙳ f. lun. midi et dim., 16 fév.-9 mars, 1er-17 août. Espace et jardin pour la délicate cuisine locale de J.-M. Banzo : croûtes de brousse, artichauts barigoule, saumon vapeur, 200-300.

● ♦♦ *Les Caves Henri IV,* 32, rue Espariat (B2), ☎ 42.26.17.16, AE Euro Visa, f. lun. , dim. soir et août. Belles caves voûtées du XVIe s. et cuisine du XXe s. : vapeur de saumon frais et petits légumes à l'estragon, marquise de chocolat à la menthe fraîche, 150.

♦♦ *La Brocherie,* 5, rue Fernand-Dol (B2), ☎ 42.38.33.21, AE DC Euro Visa ꙳ ♪ f. lun. et dim. A. Barbarant cuisine selon la saison : gâteau de lapin en gelée, dorade rose grillée et sur commande, loup en croûte, bourride, bouillabaisse, 80-130.

♦♦ *Le Vendôme,* 2 bis, av. Napoléon-Bonaparte (A2), ☎ 42.26.01.00, AE DC Euro Visa Ⓟ ꙳ ♪ f. mar. soir et mercr. sf juil.-août. Agréable terrasse, 220-250.

♦♦ *Puyfond,* Rigoulon à 7 km N. sur le CD 13, ☎ 42.92.13.77 ꙳ ♪ f. lun. et mar., 24 août-15 sept. Joli mas provençal et spécialités régionales supervisées par Anne Carbonel, 160-220.

Al Dente, 14, rue Constantin (B1), ☎ 42.96.41.03, f. dim. Nouveau. La grande spécialité des pâtes fraîches à l'italienne, 50-65.

⛺ ★★★★*Arc-en-ciel* (80 pl.), ☎ 42.26.14.28; ★★★★*Chantecler* (240 pl.), ☎ 42.26.12.98.

Nos bonnes adresses :

Auberge de jeunesse : av. Marcel-Pagnol, quartier Jas-de-Bouffan, ☎ 42.20.15.99.

Casino : pl. Jeanne-d'Arc (A2), ☎ 42.26.30.33.

Visites guidées : *C.N.M.H.S.,* t.l.j. (1er juil.-15 sept.) dans la journée et en nocturne. Visite de châteaux et de propriété privées. rens. O.T.

♥ confiserie : *Vendôme,* 27 bis, rue du 11-Novembre, ☎ 42.23.42.96 (calissons).

▷ Aux environs

EGUILLES, ✉ 13510, 11 km O. par D17.

Hôtel :

★★★ *Auberge du Belvédère,* Les Landons, ☎ 42.92.52.92, Tx 403521, DC Euro Visa, 39 ch. Ⓟ ꙳ ꙳ ꙳ ♿ ꙳ pens. oblig. (e.s.), 660. Rest. ♦♦ ꙳ ♿ 110-220.

JAS-DE-BOUFFAN, 3 km O. par D10.

Hôtel :

★★ *Les Relais Bleus,* bd de la Grande-Thumine, ☎ 42.59.98.01, Tx 441348, Euro Visa, 50 ch. Ⓟ ꙳ ꙳ ♪ ♿ f. sam. et dim. midi, 246 (handicapés 233). Rest. f. sam. midi ♦ ♪ ♿ 70-140.

Restaurant :

♦♦ *Les Nutons,* rte de Berre, ☎ 42.59.55.00, AE Visa ꙳ ♪ f. mercr. Simple et rustique. Spéc. : bouillabaisse, mérou à l'aïoli, guillaumette, 65-115.

MEYRARGUES, ✉ 13650, 10 km N.

Hôtel :

★★★ *Le Château de Meyrargues,* ☎ 42.57.50.32, CB, AE, 12 ch., 1 appt., 2 suites, Ⓟ 5 ha 680-850, suite 1 150. Rest. Menu aff. 180, 230-250.

Les MILLES, ✉ 13290, 10 km O.

Hôtel :

★★★ *Le Relais de Saint-Pons,* ☎ 42.24.22.30, AE DC Euro Visa, 7 ch. Ⓟ 25 ha de chasse, équitation, 290. Rest. ♦♦♦ 95-175 ; enf : 38.

ROQUEFAVOUR, ✉ 13122, 12 km O. par A8 et D64.

Hôtel :

★★ *Arquier,* (L.F., R.S.), ☎ 42.24.20.45, Visa, 18 ch. Ⓟ pens. oblig. (e.s.), f. lun. soir et dim. soir (h.s.), fév.. Grand parc en bord de rivière, 530. Rest. ♦♦ Service au jardin. Spéc. : cassolette de crevettes en croûte, 100-170.

Restaurants :

♦ *Le Clam's,* 22 cours Sextius, ☎ 42.27.64.78. Le patron est amoureux des beaux et bons produits, 200-350.

Chez GU, 3 rue F. Mistral, ☎ 42.26.75.12. Le rendez-vous des Aixois branchés « show-biz » et bonne cuisine. Prix à la hausse, 300.

ANNOT★

Castellane 32, Digne 70, Paris 815 km
1 062 habitants ✉ 04240

Les géologues connaissent bien ce gros bourg des bords de la Vaire pour ses grès auxquels l'érosion a donné des formes étranges.
▶ Mais la **vieille ville★** elle-même ne manque pas de pittoresque (705 m d'alt.) dans son enchevêtrement de ruelles et de passages voûtés, ni le cours avec ses platanes centenaires. Un clocher Renaissance annonce l'église romane. ▶ D'Annot, la **route de Toutes Aures★** conduit *(19 km S.-O.)* au **lac de Castillon** (→ Castellane) par les belles **clues de Rouaine** et **de Vergons** (→ les gorges de Daluis, le grand canyon du Verdon, la route Napoléon, Tourtour). □

Adresses pratiques

ℹ pl. du Revely, ☎ 92.83.22.09.

Hôtel :

★★ *Grand Hôtel Grac* (L.F.), pl. du Germe, ☎ 92.83.20.02, AE Visa, 20 ch. Ⓟ f. 30 nov.-15 mars, 190. Rest. ♦ Bonne table. Spéc. : filet de marcassin à l'ancienne, cassolette de noix de coquilles Saint-Jacques à la crème, 60-105.
⛺ ★★ *La Ribière* (53 pl.), ☎ 92.83.21.44.

Roussillon : Symphonie d'ocres, de jaunes et de rouges de la « Chaussée des géants ».

APT★

Avignon 52, Digne 91, Paris 732 km
11560 habitants ⊠ 84400

Une ceinture de boulevards aux platanes frémissants, quelques vieilles tours, vestiges d'anciens remparts, le murmure paisible des fontaines, les couleurs et les parfums du marché le samedi matin : entre plateau de Vaucluse et Lubéron, Apt est le type même de ces petites villes provençales où il fait bon vivre. C'est la « capitale mondiale du fruit confit » et un grand centre d'extraction de l'ocre.

▸ En bordure du Calavon, la **place de la Bouquerie,** avec ses terrasses de cafés, est l'axe de la vie urbaine. ▸ Ancienne cathédrale, l'**église Sainte-Anne,** en grande partie romane, porte en elle les grandes étapes de l'histoire religieuse de la cité; chapelle Sainte-Anne avec reliquaire, trésor, primitif★ du XVe s. et Annonciation★, toile italienne du XVIe s.; cryptes du

VIIe et du XIe s. ▸ Le **musée** est installé dans un bel hôtel particulier du XVIIIe s. (archéologie ; faïence, l'une des spécialités d'Apt ; pots de pharmacie★ ; art religieux populaire ; *9 h-12 h/14 h-18 h, avr.-sept. ; 10 h-12 h/14 h-17 h, oct.-mars ; f. mar.*).

▷ Aux environs

▸ Roussillon★ a la couleur or et rouge des carrières et falaises d'ocre qui l'entourent. ▸ Le **colorado de Rustrel★** *(10 km N.-E.)*, formé par des carrières d'ocre, mérite bien une heure ou deux de promenade (G.R. 6). ▸ Le **canyon d'Oppedette★** *(20 km N.-E.)* : la D 201 domine cette étroite clue rocheuse dont les parois atteignent par endroits 120 m de hauteur. ▸ **Simiane-la-Rotonde** *(24 km N.-E.)*, village perché, est connu pour sa « rotonde », ancien donjon d'un château fort des XIIe-XIIIe s. ▸ **Saignon** *(4 km S.)* groupe ses maisons à 500 m d'alt. à côté d'un gros rocher ; belle vue sur Apt. C'est un des hauts lieux du tourisme pédestre vers le plateau des Claparèdes peuplé de bories (→ l'Abbaye de Sénanque, Gordes, le Lubéron, les Baux de Provence). □

Simiane-la-Rotonde : image de la Provence traditionnelle.

Adresses pratiques

APT

ℹ pl. de la Bouquerie, ☎ 90.74.03.18.
SNCF ☎ 90.74.00.85.

Hôtels :

★★ *Aptois*, 6-8, cours Laure-de-Perret, ☎ 90.74.02.02, 26 ch. P f. 12 fév.-12 mars, 180.

★★ *Le Lubéron*, 17, quai L.-Sagy, ☎ 90.74.12.50. DC Visa, 17 ch. P f. 2-15 janv., 30 juin-juil., 250. Rest. ♦ 130-230.

★★ *Le Ventoux* (L.F.), 67, av. V.-Hugo, ☎ 90.74.07.58, AE DC Euro Visa, 13 ch. P 188. Rest. ♦♦ 75-150.

★ *Relais de Roquefure* (L.F.), Roquefure, ☎ 90.74.22.80, AE Visa, 16 ch. P f. 1er janv.-12 févr., 175-210. Rest. ♦ f. mar. menu 85 ; enf : 40.

⛺ ★★ *Les Cèdres* (55 pl.), ☎ 90.74.14.61.

Nos bonnes adresses :

Auberge de jeunesse : à Saignon (7 km S.-E.), *Regain*, ☎ 90.74.39.34.

Manifestations : *festival d'artisanat*, (juil.-août).

Aux environs

LE BOISSET, ✉ 84640 Saint-Martin-de-Castillon, 12 km E.

Hôtel :

Auberge du Boisset (L.F.), ☎ 90.75.20.10, 3 ch. Ⓟ 1/2 pens. oblig. (e.s.), f. mar. et mercr., 15 nov.-15 fév. Rest. ♦ 110-160.

GARGAS, ⊠ 84400 Apt, 6 km N.-O.

Restaurant :

♦ *La Grasille,* rte du Perrotet, Saint-Estève, ☎ 90.74.25.40, DC Visa Ⓟ f. mar. soir (h.s.), mercr., 1er-17 janv. Hors-d'œuvre à volonté, grillades au feu de bois, 75-90.

ROUSSILLON, ⊠ 84220 Gordes, 13 km N.-O.

Hôtels :

● ★★★ *Mas de Garrigon* (R.S.), à 2 km N., ☎ 90.05.63.22, AE DC Euro Visa, 8 ch. Ⓟ 1/2 pens. oblig. (e.s.), 1 050. Rest. ♦♦♦ f. lun. et dim. soir, 16 nov.-27 déc., 155-300.

★★ *Résidence des Ocres* (L.F.), rte de Gordes, ☎ 90.75.60.50, Euro Visa, 15 ch. Ⓟ f. fév., 15 nov.-15 déc., 15 janv.-15 févr., 220-290.

Restaurants :

● ♦♦ *David,* pl. de la Poste, ☎ 90.05.60.13 f. lun. et mar., 14 janv.-13 mars. Une cuisine très classique : feuilleté d'écrevisses, coq en pâte. Vue imprenable sur la vallée et les falaises, 100-200.

♦♦ *La Tarasque*, rue R.-Casteau, ☎ 90.75.63.86, AE DC Euro Visa ♪ f. vac. scol. (hiver), 115-230 ; enf : 60.

⛺ ★★ *Arc-en-Ciel* (35 pl.), ☎ 90.75.67.17.

SAINT-MARTIN-DE-CASTILLON, ⊠ 84750 Viens, 12 km E.

Restaurant :

♦♦ *La Source*, rte de Viens, ☎ 90.75.21.58, Visa ♿ f. lun. et dim. soir, 15 nov.-15 mars. **Plusieurs volières dans le jardin. Spéc. : canette aux fruits de saison, chevreau au beurre d'amandes, 160-200.**

SAINT-SATURNIN-D'APT, ⊠ *84490, 9 km N. par D 943.*

Restaurant :

♦♦ *Le Saint-Hubert*, pl. de la Fraternité, ☎ 90.75.42.02 ♪ f. lun. et dim. soir, juin-févr. **Service en terrasse avec vue sur le Lubéron,** 170-200.

ARLES★★★

Nîmes 30, Marseille 91, Paris 729 km
50772 habitants ⊠ 13200

Son nom sonne déjà comme un poème ou une musique. Arlésiennes à la beauté de Mireille dansant la farandole au son des tambourins et galoubets, chevaux blancs et gardians de Camargue, aux tridents levés comme des oriflammes, fêtes taurines aux couleurs rouge et or, défilés et processions sont les images d'un folklore bien vivant, celui d'une ville et d'un pays qui veulent être autre chose que le simple « reliquaire de la Provence ». Entre le boulevard des Lices et les eaux grises du Rhône, dans l'enchevêtrement des ruelles aux maisons couronnées d'attiques à l'italienne, d'autres images surgissent : voici les arènes et le théâtre antique que les spectacles d'aujourd'hui remplissent tout comme autrefois lorsqu'Arles était la métropole de la Gaule romaine ; voici Saint-Trophime, symbole d'un passé chrétien rayonnant. Tous ces témoins d'un autre âge s'intègrent et participent pleinement à la vie arlésienne.

▶ A l'ombre de ses platanes, le **boulevard des Lices** (B-C3) focalise une grande partie de la vie arlésienne : de la simple promenade aux marchés du mercredi et du samedi matin plein de parfums et d'accent. Dans les sous-sols de la Caisse Régionale du Crédit agricole, Esplanade des Lices, superbe mosaïque gallo-romaine admirablement mise en valeur. ▶ La **place de la République** (B2), toute proche, marque le centre monumental. L'obélisque qui s'y dresse ornait jadis la spina du cirque romain.

▶ L'**église Saint-Trophime**★★ (B2) est une des plus intéressantes manifestations de l'art roman provençal, un art qui a su assimiler les leçons plastiques de l'Antiquité. Synthèse entre les conceptions purement romanes et les réminiscences de l'art antique – on pense à Glanum –, le portail★★ (seconde moitié du XIIe s.) contraste par sa richesse ornementale avec le dépouillement de l'intérieur, de cette haute nef qui frappe par son étroitesse exceptionnelle. Saint-Trophime renferme plusieurs œuvres d'art de qualité : l'Adoration des mages, 1614 (bas-côté dr.), une peinture française de la fin du XVIe s. (croisillon dr.) et surtout (croisillon g.) l'**Annonciation**★★ de Finsonius (XVIIe s.). ▶ Le **cloître de Saint-Trophime**★★ traduit les mêmes soucis de recherche de la perfection plastique que la primatiale elle-même : équilibre des volumes, harmonie et qualité de la décoration sculptée qui font d'Arles une des étapes majeures de l'art roman *(mai-sept., 8 h 30-19 h ; hors saison, 9 h-12 h/14 h-16 h 30 (déc.), 17 h (janv., fév., nov., ou 18 h)* ; cet horaire est également valable pour les autres monuments et musées d'Arles. Le cloître appartient à deux campagnes de construction (XIIe s. et XIIIe-XIVe s.) : deux galeries romanes, deux galeries gothiques ; sur les piliers, grandes figures inspirées de reliefs antiques ; chapiteaux★ historiés. Un musée d'art religieux est présenté dans la galerie N., tandis que les salles capitulaires accueillent des expositions temporaires. ▶ L'**hôtel de ville**★ (B2), bel édifice de la fin du XVIIe s., englobe le beffroi portant une statue du dieu Mars (XVIe s.) ; notez la voûte★ plate du vestibule, et, en arrière, sur le Plan de la Cour, l'ancien municipe (1500) et l'hôtel du Viguier (1200 et XVe s.). ▶ Le **musée lapidaire païen**★ (B2) expose, dans l'ancienne église Sainte-Anne (XVIIe s., survivance du gothique méridional), les antiquités gallo-romaines mises au jour dans les divers monuments arlésiens, notamment dans le théâtre : voir surtout (nef) le sarcophage dit de Phèdre et Hippolyte★ (IIe-IIIe s.) et (abside) deux statues de danseuses★ (Ier s. av. J.-C.). ▶ Le **musée lapidaire chrétien**★★ (B2) passe pour être le plus riche du monde après celui du Vatican. il réunit dans l'ancienne chapelle des jésuites (XVIIe s.) les sarcophages trouvés exclusivement dans les deux nécropoles paléochrétiennes d'Arles : les Alyscamps et Saint-Genès. C'est un témoignage unique sur la création artistique dans les ateliers arlésiens du IVe s. Du musée on descend dans les **cryptoportiques**★, galeries souterraines situées sous les portiques du forum et qui devaient servir d'entrepôt pour le grain. ▶ Le **Museon arlaten**★ (B2), installé dans l'hôtel

de Laval-Castellane★, importante construction renaissance du début du XVIe s. Dans la cour, belle exèdre romaine★. C'est Frédéric Mistral lui-même qui créa en 1896 ce musée (il lui consacra le montant de son prix Nobel), musée traitant surtout de la vie du pays d'Arles sous tous ses aspects : mobilier, costumes, fêtes et légendes, métiers, musique, le Rhône et la Camargue, etc. (f. lun. h. saison). ▸ Le **théâtre antique**★ (C2) témoigne tout comme les arènes de l'importance d'Arles à l'époque romaine. Construit dans les premières années du règne d'Auguste, il pouvait accueillir plus de 7 000 spectateurs. La somptuosité de sa déco-

ration (en partie au musée lapidaire) doit beaucoup, semble-t-il, à la munificence augustéenne envers la Gaule narbonnaise. La fameuse Vénus d'Arles (auj. au Louvre) fut découverte dans le théâtre. ▸ Les **arènes**★★ (C2) – c.-à-d. l'amphithéâtre – furent transformées au Moyen Age en poste militaire, puis en quartier d'habitation (plus de 200 maisons !), ce qui, paradoxalement, explique leur (relatif) bon état de conservation. Trois hautes tours témoignent encore du rôle guerrier que tint un temps ce lieu voué au divertissement. Construites vraisemblablement vers 80 apr. J.-C., les arènes d'Arles (136 m sur 107) sont un tout

Arles, si chère à Mistral, Daudet, Gounot, Bizet...

petit peu plus grandes que celles de Nîmes. ▸ Des **thermes de Constantin** (B2), qui s'étendaient jadis beaucoup plus au S., il reste surtout une magnifique abside★ semi-circulaire qui abritait l'une des piscines. ▸ Au bord du Rhône, le **musée Réattu★** (B1) occupe l'ancien grand prieuré de Malte (XIVe-XVIe s.). A côté d'œuvres des XVIIe et XVIIIe s. provenant d'ateliers arlésiens et de la quasi-totalité des toiles de Jacques Réattu, le musée s'efforce de regrouper des œuvres modernes et contemporaines directement liées à la région. Dans la salle XII sont présentés les **dessins★ de Picasso** (une soixantaine) réalisés au début de 1971 et offerts à la ville par l'artiste en témoignage de l'amitié qu'il lui portait. Importante section d'art photographique (œuvres des plus grands artistes français et étrangers). ▸ Les **Alyscamps★** (par C3). Pendant près de quinze siècles, païens puis chrétiens du pays d'Arles et d'ailleurs – on dit même que certains cercueils, munis d'une somme d'argent (droit de mortellage), étaient confiés au fil du Rhône jusqu'à Arles – choisirent d'avoir leur sépulture dans ces Champs-Élysées qui avaient acquis une grande réputation spirituelle. De l'immense nécropole, subsiste aujourd'hui une allée bordée de tombeaux, menant à une église à demi ruinée : **Saint-Honorat★**, sanctuaire roman, d'origine beaucoup plus ancienne (Ve s.), agrandi de chapelles à diverses époques. Le **clocher★★** octogonal roman règne sur ce domaine des morts qui, malgré les atteintes du temps (et de l'environnement), n'a pas perdu son pouvoir émotionnel.

Et aussi... ▸ Les **remparts** (C2) qui remontent en partie au Ier s. av. J.-C. ▸ **L'église Notre-**

Dame-la-Major (C2), romane (nef) et gothique (chœur et abside) ; façade du XVIIe s. ▸ L'**église Saint-Jean-du-Moustier** (C2), à signaler pour son abside★ romane, et, à proximité, l'**église Saint-Blaise** (XIIe-XIVe s.). ▸ A 2 km S. du centre (près de la Z.I.), le pont-levis qui enjambe le canal d'Arles à Port-de-Bouc est absolument identique au **pont de Langlois** dont Van Gogh fit, en 1888, un tableau célèbre.

▷ Aux environs

L'**abbaye de Montmajour**★★ *(6 km N.-E.)*. Construite sur une butte ombragée de pins et entourée de vastes rizières, c'est un de ces grands monuments où la beauté du site rivalise avec la majesté architecturale. C'est aussi une passionnante anthologie des formes de l'art roman du XIe au début du XIIIe s. Van Gogh en fit de nombreux dessins durant son séjour en Arles *(9 h-12 h/14 h-17 h, 18 h en saison ; f. mar., nov. et certains j. fériés)*. L'église★ est un puissant édifice du milieu du XIIe s. dont il faut voir d'abord l'extérieur du chevet★. L'église est inachevée, car des cinq travées prévues deux seulement ont été réalisées. Elle possède une crypte★ remarquable ; le cloître★★ (XIIe-XIIIe s.) est un des plus beaux de Provence ; superbe donjon★ de 1369 ; chapelle Saint-Pierre★, en partie souterraine, datant de la fondation du monastère (première moitié du XIe s.). **Petite et Grande Crau** (au N. et à l'E. d'Arles), séparées l'une de l'autre par les Alpilles, correspondent au « triangle sacré », à la « vraie Provence », celle de Mistral et de Daudet, source des grands thèmes de la littérature et de la mythologie félibréennes. En haut la Petite Crau est le pays des légumes et des fruits, en bas, la Grande Crau, fertilisée au N. entre Arles

L'abbaye de Montmajour et son superbe donjon du XIVᵉ s.

et Salon, est en majeure partie le royaume de l'herbe drue et du caillou, cailloux et galets laissés par la Durance qui formait là son delta, du temps où elle était un fleuve (→ Avignon, les Baux de Provence, la Camargue). □

Adresses pratiques

ℹ 35, pl. de la République (B3), ☎ 90.96.29.35.
SNCF (hors plan C1), ☎ 90.96.43.94.
Loc. de voitures : *Avis,* Gare S.N.C.F.; 12 bis, av. V.-Hugo (C3), ☎ 90.96.82.42.

Hôtels :

★★★★ *Jules César* (R.C.), bd des Lices (B3), ☎ 90.93.43.20, Tx 400239, AE DC Euro Visa, 60 ch. Ⓟ ♿ f. fin nov. au 22 déc. Ancien couvent de carmélites du milieu du XVIIᵉ s., 600. Rest. ●◆◆◆ *Lou Marquès* ♿ Excellents produits frais. Spéc. : bouillabaisse de baudroie, anguilles en marinière, bourride du chef. Bons desserts, 200-300.

● ★★★ *Arlatan,* 26, rue du Sauvage (B2), ☎ 90.93.56.66, Tx 441203, AE DC, 46 ch. Ⓟ Ancien hôtel particulier des comtes d'Arlatan de Beaumont. Charme et caractère. 450-610 (petit déj. compris), appt. 930-1 130.

★★★ *Auberge La Fenière* (R.S.), Raphèle (sur N 453, à 7,5 km S.-E.), ☎ 90.98.47.44, Tx 441237, AE Euro Visa,

25 ch. P ♨ & Vieux mas provençal dans un parc, au cœur de la Crau, 210-470. Rest. ♦♦ f. le midi (h.s.), fin nov. au 22 déc., 150-200.

★★★ *Les Villages du Soleil*, mas de Véran, quartier Fourchon à 2 km S., ☎ 90.96.50.68, Tx 401450, AE DC Visa, 72 ch. P ♨ 1/2 pens. oblig. (e.s.), f. 1er janv.-1er fév., 510. Rest. ♦ 85-95 ; enf : 45.

★★★ *Mas de la Chapelle* (C.H.), petite rte de Tarascon (5 km par D 35), ☎ 90.96.73.43, 15 ch. P ♨ 1/2 pens. oblig., f. dim. soir (h.s.), fév. **Cadre exceptionnel pour une belle demeure du XVIe s.**, 360-560. Rest. ♦♦♦ 180-240.

★★★ *Primotel*, rue de la 1re D.F.L. (face au palais des Congrès). ☎ 90.93.98.80., Tx 401001, 150 ch., P ♨ f. nov. à 15 mars, 280-350. Restaurant « La Farandole ». Cuisine classique et régionale, 85-135.

★★ *La Roseraie*, Pont-de-Crau, 2 km S.-E. par N 113, ☎ 90.96.06.58, 12 ch. P ♨ & f. 15 oct.-15 mars, 220.

★★ *Le Cloître*, 18, rue du Cloître (B2), ☎ 90.96.29.50, Visa, 33 ch. 230.

Restaurants :

● ♦♦ *Le Vaccarès*, pl. du Forum, entrée 9, rue Favorin (1er ét.) (B2), ☎ 90.96.06.17 ♨ f. lun., dim. sf j. fériés et 20 déc. à 20 janv. **Personnalité, équilibre, invention, légèreté pour la cuisine de Bernard Dumas. Spéc. : pieds et paquets, estouffade de gigot à l'ancienne, filet de sandre à la poutargue, moules aux herbes**, 150-250.

♦ *Hostellerie des Arènes*, 62, rue du Refuge (C2), ☎ 90.96.13.05, Euro Visa f. mercr. et mar. soir (h.s.), 20 juin-1er juil., 15 déc.-1er fév. Cadre provençal. Prix raisonnables, 50-80.

Ⓐ ★★ *Bienheureuse* (70 pl.), ☎ 90.98.45.28 ; ★★ *City* (100 pl.), ☎ 90.93.08.86 ; ★★ *Rosiers* (100 pl.), ☎ 90.96.02.12.

Nos bonnes adresses :

Chambres d'hôtes : mas du grand Gageron, ☎ 90.97.00.09.
Visites guidées : par le *C.N.M.H.S.*, réserve nationale de Camargue un lun. sur deux (15 juil.-30 sept) rens. et rendez-vous : O.T. ; *par le C.N.M.H.S.*, t.l.j. (18 juin-15 sept.), cloître de Saint-Trophime, les Alyscamps, les arènes romaines ; *par le C.N.M.H.S.*, le secteur sauvegardé, promenade Van Gogh, abbaye de Montmajour.

AUPS★

Marseille 17, Nice 180, Paris 794 km
1652 habitants ✉ 83630

Au pied de la montagne des Espiguières, Aups a le charme des bourgs tranquilles de la Provence intérieure : vieilles rues pittoresques et platanes vénérables du cours, campanile de fer forgé et murmure inlassable des fontaines, portes et remparts aussi. Le miel est sa spécialité. ▸ L'église Saint-Pancrace, gothique provençal, se signale par un portail Renaissance. ▸ Peinture moderne (école de Paris) au **musée Simon Segal** *(1er juin-15 sept., t.l.j., 10 h-12 h/ 15 h-18 h)*, dans l'ancienne chapelle du couvent des ursulines.

▷ Aux environs

▸ Le **Grand Canyon du Verdon★★★** (→), à 23 km N., et le **lac de Sainte-Croix** (→ Moustiers-Sainte-Marie). ▸ Moins connus, les **petits villages du haut Var★** que l'on peut découvrir à partir d'Aups. ▸ **Tourtour,** « village dans le ciel », son panorama★★ (jusqu'à Saint-Raphaël), et ses vieux châteaux; musée des fossiles de Provence. ▸ **Villecroze,** encore médiéval, dont le nom (ville creusée) provient des nombreuses grottes de sa falaise. ▸ **Salernes** *(10 km S.),* capitale de la tomette, bercée par ses fontaines. ▸ **Entrecasteaux** *(18 km S.),* médiéval, mais fier de son jardin dessiné par Le Nôtre (château★ du XVIIe s.), de la qualité de son huile d'olive et de ses tapis. ▸ **Carcès,** mosaïque de toits sur une colline, connu pour son lac (il alimente Toulon) entouré de pins. ▸ **Cotignac,** au pied de sa muraille de tuf. Là encore le bruissement des platanes et la musique des fontaines, le simple plaisir de savourer un tel décor : la place et son beffroi, la petite église romane et... le vin de Cotignac (il est très bien). ▸ A 6 km N.-E. de Cotignac, **cascade de la Bresque★** (42 m) (→ Le grand canyon du Verdon, Barjols, Draguignan). □

▶ Adresses pratiques

AUPS

Hôtels :

★★★ *Le Calalou,* Moissac-Bellevue, 5 km par D 9, ☎ 94.70.17.91, Tx 461885, AE DC Euro Visa, 39 ch. 🅿 1/2 pens. oblig. (e.s.), f. nov. à mars. 360-480. Rest. ♦♦ ♿ 110-300.

★ *Auberge de la Tour,* rue de l'Abbé-Aloïsi, ☎ 94.70.00.30, 24 ch. 🅿 Belle maison provençale et jardin très agréable, 210. Rest. ♦ 80-120.

⛺ ★★★*International Camping* (51 pl.), ☎ 94.70.06.80; ★★★*Les Prés* (30 pl.), ☎ 94.70.00.93.

Nos bonnes adresses :

Marché : *aux truffes,* nov.-fév. le jeu.

Discothèque Krystal-Club à Moulès (I O K E. d'Arles). L'espace, les lumières et l'ambiance, ☎ 90.98.32.40.

▷ Aux environs

CARCES, ✉ 83570, 14 km S.

Hôtel :

★ *Chez Nous,* 11, rue du Mal-Joffre, ☎ 94.04.50.89, 11 ch. 🅿 ouv. toute l'année, 100-200. Rest. ♦ ♿ 55-145.

Nos bonnes adresses :

Le guide du vin : *La Carcoise,* 66, av. Ferrandin, ☎ 94.04.53.54, coopérative des vins.

COTIGNAC, ✉ 83570 Carcès, 15 km S.-O.

ℹ 10, cours Gambetta, ☎ 94.04.61.87.

Hôtel :

● ★★★ *Hostellerie Lou Calen,* 1, cours Gambetta, ☎ 94.04.60.40, Tx 400287, AE DC Euro Visa, 16 ch. 🅿

1/2 pens. oblig. (e.s.), f. nov.-mars, château et demeure de tradition, 520. Rest. ● ♦♦ f. mercr. Cuisine remarquable dans un jardin merveilleux, 110-200.

Nos bonnes adresses :

Le guide du vin : *Les Vignerons de Cotignac*, ☎ 94.04.60.04, coopérative agricole, f. dim.

TOURTOUR, ✉ 83690 Salernes, 10 km S.-E.
ℹ ☎ 94.70.57.20.

Hôtels :

● ★★★★ *La Bastide de Tourtour* (R.C.), rte de Draguignan, ☎ 94.70.57.30, Tx 970827, AE DC Visa, 26 ch. 🅿 1/2 pens. oblig., f. déc.-fin janv. Vue splendide sur le Haut-Var et cadre très agréable, 1150. Rest. ♦♦♦ f. lun. et mar. midi. Bonne table. Spéc. : rougets, raviolis de chèvre frais, 250-300.

★★ *Auberge Saint-Pierre*, Saint-Pierre, ☎ 94.70.57.17, 15 ch. 🅿 f. 15 oct.-1er avr., 280-310. Rest. ♦♦ f. jeu. Les produits de l'exploitation familiale sur la table, 170-200.

★★ *Host. des Lavandes,* à 1 km E. par D 51, ☎ 94.70.57.11, 16 ch. 🅿 1/2 pens. oblig. (e.s.), f. oct.-mars. Belle demeure provençale au milieu des pins, 415.

Restaurant :

● ♦♦ *Les Chênes verts,* route de Villecroze ☎ 94.70.55.06 f. lun. et dim. soir, 1er janv.-15 fév. Réserver. Un des plus beaux endroits du Haut-Var, cuisine fraîche et variée à la hauteur du site : truffes du pays (e.s.), écrevisses, 230-280.

VILLECROZE, ✉ 83690 Salernes, 8 km S.-E.
ℹ mairie, ☎ 94.70.63.06.

Hôtel :

★★ *Le Vieux Moulin,* quartier le Rayol, ☎ 94.70.63.35, 10 ch. 🅿 f. oct.-mars. Ancien moulin à huile, 150.

Restaurant :

♦♦ *Au Bien-Etre,* Les Cadenières, à 3,5 km par D 557, ☎ 94.70.67.57 f. mercr. et dim. soir, 15 janv.-15 fév. et vac. scol. de la Toussaint. Spéc. : foie gras frais, mignon de porc aux myrtilles, 85-225 ; enf : 30.

⛺ ★★★*Le Ruou* (100 pl.), ☎ 94.70.67.70 ; ★★★*Les Cadenières* (80 pl.), ☎ 94.70.60.31.

Nos bonnes adresses :

Manifestations : *les greniers dans la rue,* 15 mai.

AVIGNON★★★

Valence 125, Marseille 100, Paris 690 km
91474 habitants ✉ 84000

Remparts, tours et mâchicoulis, palais, jeu des toits et des clochers : vue du pont sur le Rhône ou de Villeneuve, Avignon fait penser à ces cités imaginaires qui enjolivent les gravures anciennes et les tapisseries médiévales. « Quau

ORANGE, CARPENTRAS, D 225
ORANGE, N 580
REMOULINS, NIMES, D 900
A
B
C
D
1
Echelle
0
100
200 m
ÎLE PIOT
RHÔNE
PONT DALADIER
Pont St-Bénézet
Boulevard de la Ligne
Boulevard Saint-Lazare
Boul. du Rhône
Rempart de l'Oulle
Rempart du Rhône
Rempart St-Lazare
Rempart de la Ligne
R. du Rempart de la Ligne
PLACE ST-LAZARE
Porte St-Lazare
R. St-Bernard
Hôpital
R. Muguet
Carreterie
Rue des Infirmières
R. Persil
R. Porte St-Joseph
R. St-Joseph
Porte de la Ligne
R. Palapharnerie
R. des 3 Colombes
Chlle des Pénitents Noirs
Banasterie
R. Bertrand
Rocher des Doms
Petit Palais
Porte du Rocher
Cath. N.-Dame des Doms
PLACE DU PALAIS
Palais des Papes
Hôtel des Monnaies
R. Ferruce
R. de la Balance
R. des Grottes
Grande Fusterie
R. Limas
Rue du Rhône
R. St-Étienne
R. F. de Baroncelli
PL. CRILLON
Porte de l'Oulle
R. de l'Oulle
R. Barailleric
R. Cabassole
Cloître des Carmes
PL. DES CARMES
Rue des Carmes
R. Ledru-Rollin
Rue Campane
Rue Louis Pasteur
R. N.-D. des
Guillaume
R. du Pont Trouca
PLACE Portail Matheron
Chlle de la Congrégation
R. Paul Sain
PL. PIGNOTTE
R. Ch. Rouge
Pal. de Just.
R. de la Croix
Rue Carnot
R. G. Leclerc
R. St-J.-le Vieux
PL. JÉRUSALEM
Chlle Ste-Catherine
R. Ste-Catherine
R. A. de Pontmartin
R. Pt Saunerie
St-Pierre
PL. CARNOT
R. Peyrollerie
R. de Mons
R. Viala
R. Favart
R. des Marchands
PL. DU CHANGE
PLACE DE L'HORLOGE
Théâtre
Maison des Pays de Vaucluse
R. Racine
H. de Ville
Palais du Roure
R. St-Agricol
Petite Fusterie
Rue Joseph Vernet
I. de St-Agricol
l'Oratoire
Chlle de l'Oratoire
Rue
R. St-Th.

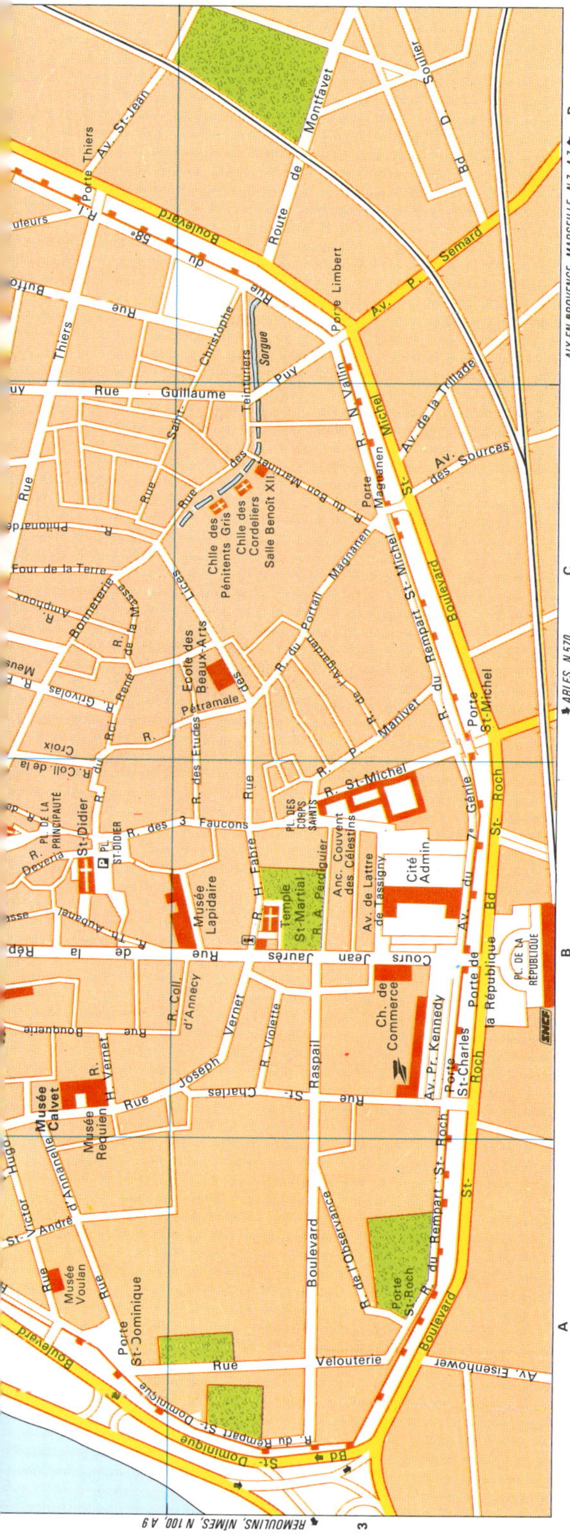
AIX-EN-PROVENCE, MARSEILLE, N 7, A 7
ARLES, N 570
REMOULINS, NIMES, N 100, A 9
A
B
C
D
3
Route de Montfavet
Bd D. Soulier
Av. P. Semard
Porte Limbert
Boulevard
Av. St-Jean
Porte Thiers
R. L. Thiers
Rue Guillaume Puy
Rue Teinturiers
Sorgue
Rue Christophe
Rue Saint-
Rue des Lices
R. N. Vallin
Porte Magnanen
R. Magnanen
R. du Bon Martinet
Chlle des Pénitents Gris
Chlle des Cordeliers
Salle Benoît XII
Av. de la Trillade
Av. des Sources
St-Michel
Boulevard St-Michel
Porte St-Michel
R. du Rempart St-Michel
R. du Portail Magnanen
R. de l'Aigarden
R. P. Manivet
R. St-Michel
Ecole des Beaux-Arts
Pétramale
R. des Etudes
Rue H. Fabre
R. des 3 Faucons
PL. DES CORPS SAINTS
Anc. Couvent des Célestins
Av. de Lattre de Tassigny
Cité Admin.
Av. du 7e Génie
Bd St-Roch
PL. DE LA RÉPUBLIQUE
SNCF
Porte de la République
Cours Jean Jaurès
Rue de la Rép.
Temple St-Martial
R. A. Perdiguier
Musée Lapidaire
St-Didier
PL. ST-DIDIER
PL. DE LA PRINCIPAUTÉ
R. Deveria
R. Th. Aubanel
R. du Coll. de la Croix
R. Rcl
R. René
R. de la Masse
R. Amphoux
R. Bonneterie
Four de la Terre
R. Philonarde
R. Grivolas
R. F. Mensu
Rue Buffon
58e
R. Coll. d'Annecy
Rue Bouquerie
Rue Joseph Vernet
R. Violette
Rue Raspail
Rue St-Charles
Ch. de Commerce
Av. Pr. Kennedy
Porte St-Charles
Porte St-Roch
Musée Calvet
Musée Requien
R. H. Vernet
Rue d'Annanelle
Rue St-Victor
St-André
Rue Hugo
Musée Voulan
Rue
Porte St-Dominique
Rue Velouterie
Boulevard Raspail
R. de l'Observance
R. du Rempart St-Roch
Boulevard St-Roch
Av. Eisenhower
R. du Rempart St-Dominique
Bd St-Dominique
Boulevard

Avignon, le palais des Papes.

se lèvo d'Avignoun, se lèvo de la resoun » (qui s'éloigne d'Avignon perd la raison) dit un proverbe provençal. Ce n'est là qu'une des mille manifestations d'amour que lui témoignèrent les félibres et des écrivains venus d'ailleurs. Avignon ne laisse pas indifférent. Un formidable palais-forteresse d'abord, celui des papes qui, en une centaine d'années de présence, il y a bien longtemps, donnèrent à la ville son visage monumental. Les papes partis, sont restés les palais des cardinaux et des archevêques, ces « livrées » qu'ils se faisaient bâtir en double exemplaire : l'une en Avignon, l'autre à Villeneuve où les prélats fuyaient de temps en temps l'agitation de la cour papale. Le prestige a résisté au temps : Avignon demeure la « Cité des papes ». Mais Avignon, c'est aussi un pont fameux où l'on dansait tout en rond. Aujourd'hui, l'été venu, d'autres danses, d'autres spectacles animent cours de palais, cloîtres et placettes : le festival d'Avignon, le festival de Jean Vilar, est devenu l'un des événements majeurs du théâtre européen.

▸ Le **palais des Papes★★★** (B1), forteresse autant que palais, est un des plus beaux spécimens de l'architecture gothique du XIVe s. Pour l'essentiel, il est l'œuvre de deux souverains pontifes successifs. Le Palais-Vieux, au N., traduit bien le goût de la simplicité et de l'austérité de l'ancien moine cistercien qu'était Benoît XII ; le Palais-Neuf, au S., dont les voûtes d'ogives s'opposent aux plafonds de bois du précédent, témoigne au contraire de la magnificence d'un prince de l'église, Clément VI, ancien archevêque de Rouen *(visites accompagnées, à heures fixes).* Vide de mobilier, le palais possède une très intéressante décoration et sert de cadre à de nombreuses expositions. **Le musée Requiem** (hist. nat., *f. dim., lun. et j. f., 9 h-12 h/14 h-18 h).* ▶ Dans **le Palais-Vieux** on visite : la salle du Consistoire et sa chapelle ornée de fresques★ de Matteo Giovanetti (1348), le Grand Tinel, ou salle des Festins, avec des fresques de Simone Martini qui décoraient autrefois le portail de la cathédrale, la chapelle Saint-Martial où l'on retrouve des fresques★ de Giovanetti, la chambre de Parement et la chambre à coucher★ du pape qui conserve une belle décoration du XIVe s., la chambre du Cerf★, enfin, dont les fresques★ inspirées de tapisseries franco-flamandes représentent des scènes rustiques. ▶ Du **Palais-Neuf**, on voit surtout la chapelle pontificale★, d'une belle ampleur, et la salle de la Grande Audience★ où trône la célèbre fresque des Prophètes★ de Matteo Giovanetti (1353). ▶ Cœur de la cité papale, la **place du Palais★** (B1), colorée sans cesse par le va-et-vient touristique, constitue un ensemble monumental superbe. ▶ La **cathédrale Notre-Dame des Doms** (B1), malgré les remaniements, est un bon spécimen de l'art roman provençal (tombeau de Jean XXII★, 1345, siège en marbre★ du XIIe s.). ▶ La **promenade du rocher des Doms** ne manque pas de charme tout en offrant une vue merveilleuse sur le Rhône, le pont Saint-Bénézet et les fortifications de Villeneuve. ▶ Le **Petit Palais★** (B1), ancienne résidence des archevêques (XIVe-XVe s.), présente aujourd'hui dans un cadre exceptionnel un ensemble d'œuvres★★, peintures et sculptures, du Moyen Age et de la Renaissance et, principalement, la **collection de primitifs italiens★★** (XIVe-XVe s.) du marquis de Campana *(9 h 30-11 h 30/14 h-18 h).* Une Vierge de majesté du « Maître de 1310 », la Vierge à l'Enfant★★ de Sandro Botticelli et la Sainte Conversation★★ de Vittore Carpaccio en sont les œuvres majeures. Parmi les sculptures, notez : le tombeau du cardinal de Lagrange★★ (XVe s.), d'un réalisme frappant et le gisant d'Antoine de Comps (1495). ▶ Face au palais des Papes, remarquez l'ancien **hôtel des Mon-**

naies★ de 1619, d'un décor baroque très italien. ▶ Sur le pont d'Avignon, le **pont Saint-Bénézet★** (A1), on ne dansait pas tous en rond : c'est sous ses arches, dans les guinguettes de l'île de la Barthelasse que les Avignonnais venaient s'amuser. Du célèbre pont, bâti suivant la légende par saint Bénézet (XIIe s.), il ne subsiste que quatre arches sur vingt-deux ; sur la seconde pile : chapelle Saint-Nicolas, romane et gothique. ▶ La **place de l'Horloge** (place Clemenceau, B2) est l'endroit d'Avignon où tout le monde finit par se retrouver. Ombragée de platanes comme il se doit, elle est envahie de terrasses de cafés et de restaurants. Scène, les soirs d'été, des spectacles spontanés du festival-off, elle est bien restée le forum qu'elle était à l'époque romaine. Tout à côté, le **quartier de la Balance** met en présence de vieilles maisons★ remarquablement restaurées et d'agréables immeubles modernes bâtis à l'échelle du quartier. ▶ Derrière l'**hôtel de ville** (B2), reconstruit au siècle dernier (tour de l'Horloge XIVe-XVe s., jaquemart), l'**église Saint-Agricol★** (B2) est un bel édifice gothique (XIVe-XVe s.) renfermant de nombreuses œuvres d'art (retable des Doni★, 1525, près de la sacristie). ▶ Le **musée Calvet★★** (B2) est installé dans un élégant hôtel du XVIIIe s. Avec les bibliothèques et les autres musées de la ville, il constitue un foyer artistique et intellectuel extrêmement actif (nombreuses expositions ; *(10 h-12 h/14 h-18 h; f. mar. et certains j. fériés)*. A côté d'une remarquable collection de ferronnerie★, de quelques belles pièces d'antiquités grecques (Femme se coiffant★, IVe s. av. J.-C.), vous retiendrez surtout les peintures des écoles française et étrangères : Louis Le Nain, portrait d'une religieuse★ ; Géricault, Combat de Nazareth★ ; Chassériau, Nymphe endormie★ ; un paysage d'Italie★ de Corot et une Nature morte★ d'Edouard Manet ; Ribera, Saint Pierre sauvé des eaux★. A signaler plusieurs œuvres de Joseph Vernet (né en Avignon, 1714), un bel ensemble de Hubert Robert et cinq toiles★ de Soutine. ▶ La **rue des Teinturiers★** (C3) est sans doute l'une des plus attachantes d'Avignon. Ombragée de platanes, elle longe un bras de la Sorgue où baignent plusieurs des roues à aubes qui, aux XVIIIe et XIXe s., actionnaient des fabriques d'indiennes.

Et aussi... ▶ Le vieil Avignon recèle encore de très nombreux hôtels particuliers et églises. ▶ L'**hôtel de Crillon★** du XVIIe s., l'un des plus beaux de la ville. ▶ En face, l'**hôtel de Fortia de Montréal**, bâti en 1637. ▶ Le **musée lapidaire** (B3), présenté dans l'ancienne **chapelle★** du collège des jésuites (1645), magnifique morceau d'architecture baroque *(9 h-12 h/*

14 h-18 h; f. mar. et certains j. fériés; voir la Vénus de Pourrières★ et la Tarasque de Noves★, lion androphage du 2e âge du fer). ▸ L'**église Saint-Didier**★ (B2) est une des plus grandes églises de style gothique méridional de la région (1359; voir le retable de Notre-Dame du Spasme★, 1478, dans la 1re chapelle dr., et les fresques★ du XIVe s., 1re chapelle g.). ▸ Le **palais du Roure**★ (B2), gothique de la fin du XVe s., se signale par une délicate porte flamboyante★. ▸ L'**église Saint-Pierre**★ (B2), gothique méridional, remarquable par les vantaux★ Renaissance des portes. Au N.-E. de cette église, le **quartier de la Banasterie** est riche en vieux hôtels des XVIIe et XVIIIe s. ▸ L'**église Saint-Symphorien** (C1), XVe-XVIIe s. (calvaire★ du XVIe s., 1re chapelle g.). ▸ **Musée Aubanel** (C1), 7, pl. Saint-Pierre, dans un ancien hôtel particulier, souvenirs de Théodore Aubanel, fondateur du Félibrige (outils d'imprim. et éd. rares du XIIIe s. à nos jours, *vis. guidées, 9 h-11 h, f. sam., dim., j. f. et août*). ▸ La **chapelle de la Visitation** (C2), 1632, belle décoration sculptée. ▸ La **chapelle des Pénitents Noirs**★ (C1), une petite merveille baroque (1739) aux boiseries de salon blanc et or. ▸ L'inventaire architectural d'Avignon est loin d'être clos : plusieurs beaux hôtels restent à découvrir **rue du Vieux-Sextier** (BC2, nos 10, 20, 22-24, 33), **rue Joseph-Vernet** (B 2-3, nos 58, 64, 83, 87), **rue Petite-Fusterie** (B2, nos 2, 17-19), **rue Saint-Étienne** (B1, nos 17, 18, 22-24). ▸ **Maison Jean Vilar** (8, rue de Mons, documents sur le théâtre, vidéothèque). ▸ **Musée Vouland** (17, rue Victor-Hugo, mobilier français, céramiques régionales, arts décoratifs, *10 h-13 h/15 h-18 h en été sf ven. jusqu'à 20 h, 14 h-17 h le reste de l'année; f. sam., dim., lun.*).

▷ Aux environs

▸ **Montfavet** possède une belle église★ du gothique méridional (XIVe s.). ▸ **Châteaurenard** est avec Cavaillon le plus important centre d'exportation de primeurs et de fruits de Provence. Quelques minutes à pied, à partir de l'église, conduisent aux ruines du château féodal (XIVe s.) qui révèlent un beau panorama★ *(10 h-12 h/14 h-18 h; f. déc. et janv.)*.

Villeneuve-lès-Avignon★★ *(2,5 km N.-O.)*

▸ Séparées par le Rhône, Villeneuve et la cité des Papes semblent se surveiller depuis des siècles du coin de leurs mâchicoulis. Elles furent un temps antogonistes, mais demeurent inséparables malgré le fleuve et les limites administratives. Jadis, l'entourage du pape y avait ses résidences secondaires; aujourd'hui, les Avignonnais viennent rechercher le calme sur les pentes du Petit Montagné ou de Belle-Croix, à l'abri du mistral et des brumes matinales de la vallée. ▸ A la tête du pont Saint-Bénézet, la **tour de Philippe le Bel★** (1293) était destinée à tenir Avignon en respect *(10 h-12 h 30/15 h-19 h 30 avr.-sept.; 10 h-12 h/14 h-17 h, le reste de l'année, f. fév.; horaires valables pour les autres monuments).* ▸ La montée de la Tour passe devant le **musée municipal★** installé dans un hôtel du XVIIe s. Il renferme un chef-d'œuvre : le **Couronnement de la Vierge★★** (1453), par Charonton, l'un des fondateurs de l'école d'Avignon. On lui attribue parfois l'admirable Pietà d'Avignon, dont l'original (ici, c'est une copie) est au Louvre. ▸ Un peu plus loin, l'**église Notre-Dame★** est un élégant édifice à nef unique (XIVe s.; **Vierge★★** d'ivoire polychrome du XIVe s. dans la sacristie); cloître du XIVe s. ▸ La **rue de la République** ne manque pas d'allure avec ses anciennes livrées de cardinaux (n°s 1, 3, 53). ▸ Fondée en 1356 par Innocent VI, la **chartreuse du Val-de-Bénédiction★★** *(9 h-12 h/14 h-18 h 30, f. mar. et fév.)* est un de ces lieux privilégiés « où souffle l'esprit », même si ce n'est pas celui de sa vocation première : devenue en 1973 Centre international de Recherche, de Création et d'Animation, la chartreuse accueille chercheurs et créateurs venus de tous les horizons artistiques et culturels. Elle sert de cadre à des expositions et des spectacles et les rencontres internationales d'été s'y déroulent parallèlement au festival d'Avignon. On visite l'église du XIVe s. qui abrite le **mausolée d'Innocent VI★★** de la même époque; le petit cloître et le grand cloître bordé de cellules de pères chartreux; la chapelle pontificale ornée de fresques★ dues à Matteo Giovanetti que nous avons déjà rencontré au palais des Papes. ▸ Le **fort Saint-André★** *(9 h-12 h/14 h-18 h 30, f. mar. et fév.)* couronne le rocher d'une vaste ceinture de murailles aux tours imposantes (1368), construites sur l'ordre du roi de France pour surveiller Avignon. La porte fortifiée★ avec ses deux grosses tours cylindriques est un superbe morceau d'architecture médiévale (à l'intérieur, graffiti de prisonniers et four avec marques gravées pour le pain). ▸ La **chapelle Notre-Dame de Belvezet★**, romane (XIIe s.), mérite un coup d'œil, et les jardins à l'italienne de l'ancienne abbaye bénédictine, une promenade (panorama★ sur Avignon) (→ Le Lubéron, Les Baux-de-Provence, Fontaine-de-Vaucluse, Carpentras, Arles). □

LA CUISINE PROVENÇALE

Contrairement à ce qu'affichent bon nombre de restaurants saisonniers, grillades et pizzas n'ont rien à voir avec la cuisine traditionnelle. Le plat de viande par excellence, c'est la daube, viande de bœuf cuite avec de l'ail, du laurier ou des clous de girofle. Autrefois, le plat principal était souvent fait d'une bonne soupe de légumes (frais l'été, secs l'hiver); la fameuse soupe au pistou est préparée avec des légumes d'été, des vermicelles et une sauce épaisse (ail, basilic, tomates, huile d'olive, etc.). Les légumes constituaient la base de l'alimentation traditionnelle : en gratins, en salades ou farcis (l'hiver : gratins de pommes de terre, de courges, d'épinards; au printemps : artichauts et asperges; en été : tomates, aubergines, courgettes; en automne : champignons grillés ou revenus à l'huile d'olive et à l'ail). Sur la côte, le poisson, c'est d'abord la célèbre bouillabaisse, réalisée avec des poissons de roche (rascasse, grondin, galinette, pageau, baudroie, rouget, loup) cuits dans un mélange d'huile, d'eau et d'aromates. Citons également la bourride, préparée avec des poissons blancs (loups, muges, baudroies, turbots) et servie avec un aïoli. Pour Mistral, l'aïoli était le symbole culinaire de la Provence. C'est un mélange de crème d'ail, de jaune d'œuf et d'huile.

Adresses pratiques

AVIGNON

ⓘ, 41, cours J.-Jaurès (B3), ☎ 90.82.65.11; service hôtelier, ☎ 90.82.05.81.
✈ *Avignon-Caumont,* 8 km S.-E., ☎ 90.31.20.39.
SNCF (B3), ☎ 90.82.62.92/90.82.50.50/90.82.56.29.
Loc. de voitures : *Avis,* 29, rte de Montfavet (D3), ☎ 90.87.17.75; 34, bd Saint-Roch (B3), ☎ 90.82.26.33; Gare S.N.C.F.

Hôtels :

★★★★ *Europe,* 12, pl. Crillon (A1), ☎ 90.82.66.92, Tx 431965, AE DC Euro Visa, 53 ch. ♨ ♪ 590. Rest. ♦♦ *Vieille Fontaine* ♪ f. sam. midi et dim., 2-23 janv., 17-24 août, 2-9 nov., 220-300.

★★★ *Midi,* (Inter-Hôtel), 251, rue de la République (B2), ☎ 90.82.15.56, Tx 431074, AE DC Euro Visa, 57 ch. ♿ 328 (petit déj. compris).

★★ *Angleterre* (L.F.), 29, bd Raspail (B3), ☎ 90.86.34.31, DC Euro Visa AE 40 ch. Ⓟ ✆ ✂ f. 15 déc.-15 janv., 200.

★★ *Central,* 31, rue de la République (B2), ☎ 90.86.07.81, Tx 650697, Euro Visa, 29 ch. ♨ ✆ 210.

★★ *Palais des Papes,* 1, rue Gérard-Philipe (B1), ☎ 90.86.04.13, AE DC Euro Visa, 30 ch. ♿ ✂ f. lun., 1er janv.-15 févr., 240. Rest. ♦ ⚘ ♪ ♿ ✂ 130-230.

Restaurants :

● ♦♦♦ *Brunel,* 46, rue de la Balance (B1), ☎ 90.85.24.83, DC Euro ♪ f. lun. (h.s.) , dim., 26 févr. au 20 mars. Ici la cuisine (excellente) est une affaire de famille au service d'une carte courte. Spéc. : huîtres chaudes gratinées au curry, encornets farcis à la provençale, 130-260.

● ♦♦♦ *Hiély-Lucullus,* 5, rue de la République (B2), ☎ 90.86.17.07, AE, f. lun. et mar., 16 juin 3 juil., 24 déc.-12 janv. Réserver. Fabuleux menu-carte de P. Hiély (12 entrées, 12 plats). La perfection du classicisme dans la légèreté provençale : petite marmite du pêcheur, tourte de cailles au foie gras sauce citron. Châteauneuf rouge, récent et frais en carafe, 240-325.

♦♦♦ *Le Vernet,* 58, rue J.-Vernet (B2), ☎ 90.86.64.53, AE DC Euro Visa ꙮ ♪ f. dim. (1er sept.-30 avr.), 1er janv.-28 fév. Cuisine moderne dans un hôtel particulier du XVIIIe s. Nombreux menus, 160-200; enf : 65/70.

● ♦♦ *Auberge de France,* 28, pl. de l'Horloge (B2), ☎ 90.82.58.86, AE DC Euro Visa, f. mercr. soir et jeu., 7-28 janv., 15 juin-3 juil. Cuisine d'inspiration provençale : moules de Bouzigues farcies, noisettes d'agneau vauclusienne, charlotte au praliné, noisettes au miel. Vin du coin, 220-280.

● ♦♦ *Le Saint-Didier,* 41, rue de la Saraillerie (B1), ☎ 90.86.16.50, AE DC Visa ♪ f. lun. et mar. , mai, 20-30 août. Attention 25 couverts seulement. Un jeune couple à encourager. C. Etienne cuisine très bien à des prix raisonnables. Beaucoup de poissons selon le marché et les saisons, râble de lapin au citron et au miel, 110-180.

♦♦ *Le Petit Bedon,* 70, rue J.-Vernet (B2), ☎ 90.82.33.98, AE DC Euro Visa ♪ ♿ 80-140.

♦♦ *Les Trois Clefs,* 26, rue des Trois-Faucons (B3), ☎ 90.86.51.53, Visa ♪ ⚘ f. dim., 10-30 nov., 20 fév.-3 mars. Petit restaurant fleuri, à l'accueil souriant : cuisine attentive aux saisons, 140-250; enf : 60.

⛺ ★★★★ *Pont* (300 pl.), ☎ 90.82.63.50; ★★★ *Bagatelle* (360 pl.), ☎ 90.86.30.39; ★★ *Les Deux Rhônes* (50 pl.), ☎ 90.85.49.70.

Nos bonnes adresses :

Discothèque : *les Ambassy,* rue Bancasse.

Le guide du vin : *Le Bistrot d'Avignon,* 1, rue Jean-Vilar (B1), ☎ 90.86.06.45, bar à vin.

Loc. de vélos : rens. S.I.

Manifestations : *festival d'art dramatique et de danse,* mi-juil.-mi-août. Rens. 8, bis rue de Mons; *Salon des antiquaires,* ☎ 90.82.67.08, déb. fév.; *foire Saint-André,* fin nov.

Visites guidées : *C.N.M.H.S.,* toute l'année sur R.-V.; juil.-sept. à l'heure fixe, rens. au C.D.T.

♥ antiquités : *Dervieux,* 11, rue Félix-Gras, ☎ 90.82.14.37, belle coll. de faïences provençales; délicieux gâteaux : *"Brunch",* cadre agréable; salon de thé : *Simple Simon,* 26, rue de la Petite-Fusterie (A1), ☎ 90.86.62.70.

▷ Aux environs

Les ANGLES, ✉ 30133, 5 km O.

Hôtels :

★★★ *L'Ermitage Meissonnier,* 32, av. de Verdun, ☎ 90.25.41.68, 16 ch. Ⓟ ꙮ f. janv.-mars. Décor haute époque et beaux meubles provençaux, 200-320. Rest. ● ♦♦♦ ♪ f. dim. soir (nov.-mars), lun. (sf fériés). P.-L. Meissonnier, son fils Michel, et leurs épouses veillent sur l'Ermitage. Très belle carte où les senteurs de Provence voisinent avec de grands plats classiques : barigoule tiède d'artichauts, sorbet romarin, bisque-bouille d'Avignon, châteaubriand en croûte dorée. Vins de terroir, châteauneuf de l'année en pichet, 220-300.

★★ *Le Petit Manoir* (L.F.), chem. de la Pinède, ☎ 90.25.03.36, 40 ch. Ⓟ ꙮ ⛱ ♪ ♿ 📺 🎾 1/2 pens. oblig. (e.s.), f. lun. midi, nov.-déc., 345. Rest. ♦♦ ♪ 70-140.

Restaurant :

♦♦ *Auberge Dou Terraie,* 1125, av. de la 2e-D.B., ☎ 90.25.49.26, AE DC Euro Visa ꙮ ♿ f. lun. soir, mar. soir, mercr., 5-14 janv., 1er-20 juin, 100-170; enf : 50.

MONTFAVET, ✉ 84140, 6 km E.

Hôtel :

● ★★★★ *Les Frênes* (R.C.), av. des Vertes-Rives, ☎ 90.31.17.93, Tx 431164, AE DC Euro Visa, 17 ch. Ⓟ ⚟ ꙮ ⛱ ♪ ♿ 📺 1/2 pens. oblig. (e.s.), f. nov.-fév. Cadre très agréable. Chambres décorées à l'ancienne, 1225. Rest. ♦♦♦ Le calme, le confort, l'hospitalité autour de la piscine. Cuisine d'inspiration transalpine : gnocchis verdis au gorgonzola, lapereau à l'ail doux. Châteauneuf jeunes, 200-260.

Restaurant :

● ♦ *La Ferme Saint-Pierre,* 1551, av. d'Avignon, ☎ 90.87.12.86, 90.31.12.86, AE DC Euro Visa f. week-end, Noël, Août. Comme à la ferme, terrine de saint-pierre, civet de barcelet, 120-150.

NOVES, ⊠ 13550, 13 km S. par N 571.

Hôtel :

★★★★ *Auberge de Noves* (R.C.), ☎ 90.94.19.21, Tx 431312, AE Euro Visa, 22 ch. P 1/2 pens. (e.s.), f. 2 janv.-4 mars. Très beau mas provençal, 1635. Rest. ● ♦♦♦ f. mercr. midi. En pleine campagne provençale, au milieu du thym et des cigales, découvrez l'auberge de la famille Lalleman avec sa cuisine savoureuse : huîtres gratinées au châteauneuf-du-pape, salmis de pigeons au gâteau d'échalotes. Belle cave, 235-365.

⛺ ★★ *Belle Laure* (70 pl.), ☎ 90.94.01.56.

Le PONTET, ⊠ 84130, 3 km N.-E.

Hôtels :

★★★ *Agassins* (C.H.), Le Pigeonnier, RN 7, ☎ 90.32.42.91, DC Visa, 26 ch. P 1/2 pens. oblig. (e.s.), f. janv.-fév., 850. Rest. ♦♦ f. dim. (h.s.), 120-205 ; enf : 40.

★★★ *Auberge de Cassagne* (R.S.), rte de Vedène, ☎ 90.31.04.18, Tx 432997, 14 ch. P 300-600. Rest. ♦♦ Spéc. : émincé de lapereau et d'agneau aux petits légumes farcis, tresse de saumon et de langoustines aux pistils de safran, 200-350 ; enf : 90.

VILLENEUVE-LES-AVIGNON, ⊠ 30400, 2 km N.-O.

Hôtels :

● ★★★★(L) *Le Prieuré* (R.C.), pl. du Chapitre, ☎ 90.25.18.20, Tx 431042, AE DC Euro Visa, 25 ch. 10 appts P f. 1er mai, 10 nov.-15 mars. Ameublement ancien dans un cadre rénové très agréable, 1 500 ; 1/2 pens. 730 à 2 030 (2 pers.). Rest. ♦♦♦ Table réputée. Spéc. : foie gras de canard, piccata de lotte au basilic, 250-400.

●★★★ *La Magnaneraie,* 37, rue du Camp-de-Bataille, ☎ 90.25.11.11, Tx 432640, AE DC Euro Visa, 13 appts de style florentin. P 1/2 pens. oblig. (e.s.). Belle demeure du XVe s., 800. Rest. ♦♦ Spéc. : noisettes d'agneau tante Lucie, 180-250 ; enf : 70.

● ★★ *L'Atelier* (L.F.), 5, rue de la Foire, ☎ 90.25.01.84, AE DC Euro Visa, 19 ch. Demeure du XVIe s., 200-350.

● ★★ *Les Cèdres* (L.F.), 39, bd Pasteur, ☎ 90.25.43.92, Visa, 25 ch. P 200. Rest. ♦ *Grill,* f. midi et dim. soir, 90-120.

★★ *Coya,* Pont d'Avignon, ☎ 90.25.52.29, AE Visa, 23 ch. P Vue sur le palais des Papes et le Rhône calme, 245. Rest. ♦ 90-150.

BANDOL★

Toulon 17, Aix 68, Paris 826 km
6713 habitants ⌧ 83150

« 320 jours de soleil par an, un climat doux et une protection naturelle (celle de collines boisées) contre les vents », contre le mistral. Les bateaux s'alignent bien sagement dans le vaste port de plaisance, près de la promenade plantée de palmiers et d'eucalyptus.
▸ Le vin de Bandol est réputé, le rouge surtout. Un **musée des vins et spiritueux** (8 000 bouteilles de 50 pays, *10 h-12 h/14 h-18 h ; f. mer.*) partage la petite **île de Bendor** *(à quelques centaines de mètres du rivage)* avec un centre touristique, culturel et sportif (théâtre, artisanat, expositions, etc.). ▸ **Ile des Embiez.**

▷ Aux environs

▸ **Jardin exotique et zoo de Sanary-Bandol** *(3 km N.-E. ; 8 h-12 h/14 h-18 h, 19 h en été ; f. dim. mat. et mar. en hiv.).* ▸ Au-dessus du **Beausset** *(10 km N.)*, la chapelle romaine de **Notre-Dame du Beausset Vieux** (collection d'ex-voto) révèle un beau panorama sur la côte. ▸ A l'O. du Beausset, **Le Castellet** *(13 km N.)*, vieux village fortifié, est campé sur un piton rocheux (panorama★ ; circuit automobile Paul Ricard). ▸ A 3 km S.-O. du Castellet, **La Cadière-d'Azur** possède aussi ce charme des villages perchés, en retrait de l'effervescence du littoral (→ Toulon, le Massif de la Sainte-Baume). □

▸ Adresses pratiques

BANDOL
ℹ allées Vivien, ☎ 94.29.41.35.
SNCF ☎ 94.29.41.51.
Loc. de voitures : *Avis*, 6, rue du 11-Novembre, ☎ 94.29.40.24.

Hôtels :

★★★★(L) *Ile Rousse*, (P.L.M.), 17, bd L.-Lumière, ☎ 94.29.46.86, Tx 400372, AE DC Euro Visa, 55 ch. P 1/2 pens. oblig. (e.s.). **Plage privée. Centre de remise en forme ouvert toute l'année. Décor Louis XV et Louis XVI**, chambre-double 760-930, 1 050. Rest. ♦♦♦ *les Oliviers* ♿ Service en terrasse. **Spéc. : millefeuille de sole aux morilles**, 170-380.

● ★★★ *Délos Palais*, île de Bendor, ☎ 94.29.42.33, Tx 400383, AE Visa, 55 ch. 470. Rest. ♦♦ 162-200 f. déc. à févr.

★★★ *Ker Mocotte* (L.F.), rue Raimu, ☎ 94.29.46.53, 19 ch. P f. 20 oct.-1er fév. **Ancienne villa de Raimu transformée en hôtel**, 230. Pension à 2 : 540-650. Rest. soir réservé aux résidents ♦ 90-120.

★★★ *La Baie*, 62, rue Marçon, ☎ 94.29.40.82, Tx 400479, Euro Visa, 14 ch. P f. 5 janv.-5 fév., 200.

★★★ *La Réserve*, rte de Sanary, ☎ 94.29.42.71, AE DC Euro Visa, 16 ch. Ⓟ ⚘ 1/2 pens. oblig. (e.s.), 120-300. Rest. ♦♦ ⚘ ♪ ♿ Spéc. : bourride provençale, agneau des Alpilles, 100-290.

★★★ *Le Provençal*, rue des Ecoles, ☎ 94.29.52.11, Tx 400308, terrasse, salle de conf. AE Euro Visa, 22 ch. pens. oblig. (e.s.), 210-280. Rest. f. nov.-Pâques ♦♦ ♪ 85-200.

★★ *Splendid (L.F.)*, plage de Rénecros, ☎ 94.29.41.61, Tx 400383, AE Visa, 22 ch. ⚘ ⚘ 1/2 pens. oblig. (e.s.), f. 10 fév.-25 mars, 1er nov.-15 déc., 440. Rest. ♦ ⚘ ♪ ⚘ 100.

Restaurants :

♦♦♦ *Auberge du Port*, 9, allée J.-Moulin, ☎ 94.29.42.63, AE DC Euro Visa ⚘ ⚘ ⚘ ♪ f. lun. (h.s.). Service en terrasse. Spéc. : coquillages et poissons, 180-250.

♦ *La Grotte Provençale*, 21, rue Marçon, ☎ 94.29.41.52, f. mar. soir et mercr. sf juil.-août. Cuisine classique, cadre agréable, 100-165.

⛺ ★★ *de Capelan* (133 pl.), ☎ 94.29.43.92 ; ★★ *Vallongue* (90 pl.), ☎ 94.29.49.55.

Nos bonnes adresses :

Casino : 24, rue de la République, ☎ 94.29.40.88.

▷ Aux environs

Le BEAUSSET, ✉ 83330, 10 km N.

ℹ mairie, ☎ 94.90.41.39 (e.s.).

Hôtel :

★★ *La Cigalière*, rte du Camp, à 1,5 km N. par N 8, ☎ 94.98.64.63, Visa, 14 ch. 5 appts Ⓟ ⚘ ⚘ ⚘ ⚘ ⚘ f. dim. soir (h.s.), 1er-15 fév., 250. Rest. ♦♦ ♪ ⚘ 100-120.

Restaurant :

♦♦ *L'Estagnon*, 17, bd Chanzy, ☎ 94.98.62.62, AE DC Euro Visa ⚘ ♪ f. mercr., jeudi midi, 1er-17 févr., 15 nov.-1er déc. Ancien moulin à huile bien aménagé. Spéc. : pieds paquets, foie gras frais de canard aux pommes, pâtes vertes aux morilles, 110-320.

La CADIERE-D'AZUR, ✉ 83740, 9 km N.

ℹ rd-pt R.-Salengro, ☎ 94.29.32.56 (e.s.).

Hôtel :

★★★ *Hostellerie Bérard*, av. G.-Péri, ☎ 94.29.31.43, Tx 400509, AE Visa, 40 ch. Ⓟ ⚘ ⚘ ⚘ ⚘ 1/2 pens. oblig. (e.s.), f. fin janv., 325-520. Rest. ♦♦ ⚘ ⚘ Spéc. : feuilleté de loup sauce champagne, reine de saba, 250 ; enf : 70.

⛺ ★★ *la Mallissonne* (250 pl.), ☎ 94.29.30.60.

Le CASTELLET, ✉ 83330 Le Beausset, 10 km N.

Hôtel :

★★★ *Castel Lumière*, Le Portail, ☎ 94.32.62.20, 94.90.62.20, AE DC, 5 ch. ⚘ ⚘ 1/2 pens. oblig., f. mar. (h.s.), nov., 740. Rest. ♦♦ ⚘ ♪ 180-250.

Restaurant :

♦♦ *Lou Mestre Pin*, pl. du Jeu-de-Paume, ☎ 94.32.60.27, Visa ⚘ ♪ ♿ f. mercr. Bon rapport qualité-prix. Spéc. : feuilleté de truite, civet de porcelet à la provençale, pâtisserie, 65-105.

⛺ ★★★ *Le Castillon* (150 pl.), ☎ 94.90.60.33 ; ★★ *Auberge d'Arbois* (135 pl.), ☎ 94.90.70.51.

BARCELONNETTE

Gap 69, Briançon 84, Paris 737 km
3314 habitants ⊠ 04400

Son nom lui vient d'Espagne et rappelle l'origine de la famille comtale qui l'avait fondée au XIIIe s. C'est à l'étranger également, qu'au siècle dernier, ses enfants allèrent chercher fortune, lorsque les filatures du pays connurent des difficultés. Les « Barcelonnettes », comme on les appelait, monopolisèrent bientôt le commerce des tissus au Mexique. De retour au pays, ils se firent construire de somptueuses villas, que l'on peut voir encore, notamment avenue de la Libération.

▷ Aux environs

Le Sauze forme avec **Super-Sauze** (1 700 m) une station de sports d'hiver bien exposée sur les pentes N. du col des Fours (2 314 m). ▶ **A Pra-Loup,** ski sur les pistes du Péguieu (2 479 m). ▶ De Barcelonnette, trois magnifiques **routes de montagne★★** serpentent vers le Midi : la D 908 franchit le **col d'Allos★** (2 240 m) ouvert dans une longue arête de pâturages (vue★ sur la vallée du Verdon); la D 902, filant par les gorges du Bachelard, grimpe au **col de la Cayolle★** (2 327 m) qui réserve de jolies vues sur les vallées du Var et du Bachelard; la dernière, la **route de la Bonette★★★**, la plus spectaculaire (c'est la plus haute route d'Europe), commence à **Jausiers** et monte (quelques passages délicats) jusqu'à 2 802 m d'où, en 10 mn à pied, on gagne la cime de la Bonette (2 862 m; le panorama est digne de l'altitude : le regard porte jusqu'au Pelvoux) (→ gorges de Daluis, Colmars-les-Alpes). □

▶ Adresses pratiques

BARCELONNETTE

ℹ av. de la Libération, ☎ 92.81.04.71.

Hôtels :

★★★ *Grande Eperviève,* rte de Gap, ☎ 92.81.00.70, 10 ch. Ⓟ ⚘ ♨ tjs ouvert. Rest. ♦ ♪ 90-110, carte 150.

★ *L'Aupillon* (L.F.), rte Saint-Pons, ☎ 92.81.01.09, Visa, 7 ch. Ⓟ ⚘ ♨ ⛱ 1/2 pens. oblig. (e.s.), 175. Rest. ♦ ♿ f. mercr. soir, 70-120.

Restaurants :

♦♦ *Le Passe-Montagne,* rte de la Cayolle Uvernet, Uvernet-Fours, 4 km S. par D 902, ☎ 92.81.08.58, AE DC Euro Visa Ⓟ ⚘ ♨ ⛱ ♪ f. mercr., 20 mai-10 juin, 15 nov.-15 déc. Spéc. : feuillantine de Saint-Jacques aux morilles, pavé de gigot d'agneau aux échalotes, glace au miel de pays, 100-160.

♦ *La Mangeoire,* pl. des 4 Vents, ☎ 92.81.01.61, Euro Visa ♪ f. lun. nov. **Restaurant simple et sympathique, aménagé dans une vieille bergerie,** 65-250.

⅄ ★★★ *Plan de Barcelonnette* (45 pl.), ☎ 92.81.08.11 ; ★★★ *Tampico* (80 pl.), ☎ 92.81.02.55 ; ★★ *Peyra* (50 pl.), ☎ 92.81.04.71.

▷ Aux environs

PRA-LOUP, ☒ 04400 Barcelonnette, 9 km S.-O. par D902, D109.

Hôtels :

★★★ *Les Airelles,* ☎ 92.84.13.24, 20 ch. 🅿 ⚘ ⛰ f. 1er mai-9 juil., 1er sept.-14 déc., 260.

★★ *Bergers* (L.F.), ☎ 92.84.14.54, 35 ch. 🅿 ⚘ pens. oblig. (e.s.), f. avril-mai, 280. Petit déj. 20 F.

★★ *Les Blancs,* Molanès, ☎ 92.84.16.60, 27 ch. 🅿 ⚘ f. 17 avr.-déb. juil., 160. Rest. ● ♦♦ **Cuisine traditionnelle,** 45-120.

Le SAUZE, ☒ 04400 Barcelonnette, 5 km S.-E.

Hôtels :

★★★ *Alp'Hôtel* (R.S.), Enchastrayes, ☎ 92.81.05.04, Tx 420437, AE DC Visa, 24 ch. 11 appts 🅿 ⚘ ♪ pens. oblig. (e.s.), f. mai et nov., 25 oct.-10 déc., 220-935. Rest. ♦ ⚘ ♪ 70-130.

★★ *Séolanes* (L.F.), ☎ 92.81.05.10, 16 ch. 🅿 ⚘ f. 15 avr.-30 juin, 1er sept.-15 déc. **Exposé plein sud, au pied des remonte-pentes,** 140. Rest. ♦ pour les résidents uniquement, 110-175.

⅄ ★★ *La Chaup* (60 pl.), ☎ 92.81.02.82.

SUPER-SAUZE, ☒ 04400 Barcelonnette, 10 km S.-E. par D 9A.

Hôtels :

★★★ *Le Pyjama,* ☎ 92.81.12.00, DC, 14 ch. 🅿 ⚘ f. 16 avr.-30 juin et déb.-sept.-mi-déc., 200-360.

★★ *L'Ourson,* ☎ 92.81.05.21, 20 ch. 🅿 ⚘ pens. oblig. (e.s.), f. mai-juin et sept.-20 déc., 160-190. Rest. ♦ ⚘ Service en terrasse, 70-100.

BARJOLS★

Draguignan 45, Aix 64, Paris 823 km
2016 habitants ☒ 83670

Provençale, Barjols l'est peut-être plus que toute autre : elle détient un nombre impressionnant de fontaines qui gazouillent sur des placettes ombragées et puis, il y a ces tambourins et galoubets qu'elle fabrique toujours et qui rythment joyeusement les fêtes du pays.

▷ Aux environs

La Verdière *(17 km N.-O.)* s'étage au pied d'un remarquable château★ juché sur un éperon rocheux. C'est une ancienne forteresse rebâtie aux XVIIe et XVIIIe s. (charmantes gypseries et sculptures délicates ; *visite guidée 14 h-17 h*) (→ Grand-Canyon-du-Verdon, Tourtour). □

Adresses pratiques

Hôtel :

★ *Pont d'Or,* rue E.-Payan, ☎ 94.77.05.23, Euro Visa, 15 ch. Ⓟ payant, f. 1er déc.-15 janv., 180. Rest. ♦ f. lun. et dim. soir (h.s.), 70-150.

Nos bonnes adresses :

Manifestations : *fête des Tripettes,* pour la St-Marcel (dim. le plus proche du 16 janv.).

LES BAUX-DE-PROVENCE★★★

Arles 19, Avignon 30, Paris 718 km
433 habitants ✉ 13520

Au cœur de la « vraie » Provence, celle de Mistral et de Daudet, les Alpilles appartiennent à ces hautes terres mystiques chantées par les poètes, des cours d'amour du Moyen Age au Félibrige. Chacun a exalté l'étincelante clarté qui baigne bois et rochers, l'harmonie du paysage, sa sérénité à peine troublée, « de loin en loin, par un son de fifre, un courlis dans la lavande, un grelot de mules sur la route ». Dans ce monde à coup sûr magique, un autre sortilège : les Baux-de-Provence, immense vaisseau de pierre déchiquetée jaillissant du maquis. Les ruines du château et de la ville morte, voisinant avec un village-musée pimpant, donnent au site un caractère étrange et fascinant. Tout autour les entrées colossales de carrières ont la force de temples païens.

▸ Du parking, on pénètre dans le bourg par la **rue Porte-Mage.** Les maisons les plus caractéristiques datent de la Renaissance. Le rez-de-chaussée est à peu près dépourvu d'ornementation, tandis que les fenêtres du premier étage s'encadrent dans un ordre d'architecture librement inspiré de l'antique. ▸ L'**hôtel de Manville**★ offre une belle façade Renaissance de 1572 ; il accueille des expositions. ▸ **L'hôtel de Brion** abrite la fondation Louis Jou (collect. d'œuvres d'art à base de papier). ▸ L'**hôtel des Porcelets** (1569) abrite le **musée d'art moderne** (Brayer, Buffet, Carzou ; *9 h 30-12 h/14 h-18 h 30, Pâques-oct., sf mer. en hiver*). ▸ Avec ces micocouliers, la **place Saint-Vincent**★ est charmante ; l'église en partie troglodytique remonte au XIIe s. Dans la **chapelle des Pénitents-Blancs** (XVIIe s.), **fresques**★ d'Yves Brayer. ▸ La **rue du Trencat**★, creusée dans le roc, donne accès à la ville morte ou plan du château. ▸ **Musée archéologique et lapidaire**

Au cœur de son paysage de pierre, le village des Baux-de-Provence.

dans le manoir de la Tour de Brau (XVIe-XVe s.), à dr. ▸ A la pointe S. du promontoire (monument), remarquable **panorama★★**, comparable à celui que l'on a du **donjon★** (XIIIe s.), la partie la moins ruinée du château. ▸ A 15 mn O., **pavillon de la reine Jeanne★**, Renaissance. Mistral en fit faire une copie pour son tombeau, à Maillane. ▸ Promenade au N.-O. *(30 à 45 mn par le vallon de la Fontaine)* dans le **Val d'Enfer,** plein de roches aux formes étranges et criblé de grottes peuplées de sorcières, fées, lutins et autres génies. Dans ce cadre fantastique, **la Cathédrale d'Images★** (spect. visuel et sonore).

▷ Aux environs

Fontvieille est connue pour ses carrières de pierre (dite très injustement pierre d'Arles) et le **moulin d'Alphonse Daudet★** *(au S. du bourg)* qui attire les foules *(9 h-12 h/13 h 30-17 h 30).* Un petit musée est consacré à l'écrivain qui s'inspira pour ses « Lettres » de ces lieux qu'il aimait tant (panorama★ sur les Alpilles). A 6 km N. de Fontvieille, **chapelle Saint-Gabriel★**, romane, où se manifeste très nettement le goût antiquisant qui caractérise la sculpture provençale vers la fin du XIIe s. (façade★, portail★) (→ La Camargue, Tarascon). □

▸ Adresses pratiques

Les BAUX-DE-PROVENCE

ℹ imp. du Château, ☎ 90.97.34.39.

Hôtels :

● ★★★★ (L) *Oustau de Baumanière* (R.C.), ☎ 90.54.33.07, AE DC Euro Visa, 25 ch. 🅿 f. mercr., jeudi, 15 janv.-1er mars. Mas provençal au pied du château des Baux, 800-1 120. Rest. ● ♦♦♦♦ Les

Hautes Etudes Culinaires (H.E.C.), c'est bien connu, mènent à tout à condition de cuisiner. C'est la devise qu'applique avec succès J.-A. Charial sur les conseils judicieux de son toujours jeune grand-père Raymond Thuillier, seigneur des Baux. Véritable paradis en Provence, cette vieille demeure du XVIe s. existe pour le bonheur. Sur la table, les grands classiques sont là : asperges (saison), gigot d'agneau en croûte, mousseline d'artichauts et haricots verts du jardin avec, bien sûr, les rouges charnus de Gigondas et Trevallon, 700-1 000.

● ★★★ *Cabro d'Or* (R.C.), Val d'Enfer, ☎ 90.54.33.21, Tx 401810, AE DC Euro Visa, 22 ch. Ⓟ ♨ ▭ ⚲ f. lun. et mar. apr.-midi, mi-nov.-20 déc. Mas provençal de tradition, 420-660. Rest. ● ♦♦♦ L'annexe "prêt-à-porter" luxe de la maison mère située à deux pas, L'Oustau de Baumanière. Toutes les senteurs et saveurs de la Provence gourmande, 200-400.

★★★ *Mas d'Aigret,* D 27A, ☎ 90.97.33.54, AE DC Euro Visa, 15 ch. Ⓟ ♨ ▭ w.-e. et sem. de golf, 1/2 pens. oblig. (e.s.), f. jeu., 1er janv.-1er avr. Au pied des ruines, 350. Rest. ♦ ♿ Grande cuisine régionale, 150-220.

Restaurant :

♦♦♦ *La Riboto de Taven,* Val d'enfer, ☎ 90.97.34.23, AE DC Euro Visa Ⓟ ♨ ♿ f. lun. et dim. soir (h.s.), 6 janv.-25 fév. Cadre magnifique. Bonne table. Spéc. : agneau des alpilles, 190-220.

▷Aux environs

FONTVIEILLE, ✉ 13990, 8 km O.

ℹ mairie, ☎ 90.97.70.01.

Hôtels :

● ★★★★ *La Regalido* (R.C.), rue Frédéric-Mistral, ☎ 90.97.60.22, Tx 441150, 13 ch. Ⓟ ♨ ♿ f. 30 nov.-15 janv., 400-1 100. Rest. ● ♦♦ f. lun. et mar. midi. Réserver. Alphonse Daudet eût certainement aimé faire étape ici : gratin de moules, tranche de gigot en casserole et à l'ail, 200-250.

★★★ *A la Grâce de Dieu,* 90, av. de Tarascon, ☎ 90.97.71.90, AE DC Euro Visa, 10 ch. Ⓟ ♨ ▭ 1/2 pens. oblig. (e.s.), f. 4 janv.-15 mars, 350-380. Rest. ♦♦ ♪ f. mercr. (h.s.). Bar. Spéc. : filet de Saint-Pierre au cidre, filet de bœuf aux morilles, 120-200.
La Tanière, rte de Raphaële, Croix de Jousseaud, ☎ 90.97.61.40, 9 ch. Ⓟ ♨ ▭ f. 25 nov.-15 mars sf 31 déc., 180. Rest. ♦ ♪ 45-82.

Restaurant :

♦♦ *Le Patio,* 117, rte du Nord, ☎ 90.97.73.10, Visa ♨ f. mar. soir et mercr., 2 janv.-10 fév. Ancienne bergerie. Spéc. provençales et grillades au feu de bois, 130-200.

⛺ ★★★ *Municipal* (150 pl.), ☎ 90.97.78.69.

Nos bonnes adresses :

Gîte à la ferme : *Mas de Suspiron,* ☎ 90.97.30.50. Equitation.

MAUSSANE LES ALPILLES, 13520 ✉ Mairie, ☎ 90.54.30.06.

Hôtel :

★★ *La Reine Jeanne,* Grand'Rue, ☎ 90.97.32.06, 12 ch. f. 15 nov.-15 févr., 190-250. Rest. Cadre sympathique, vue imprenable, cuisine très provençale : lotte au coulis de poivrons, fromage de chèvre aux anchois à l'huile d'olive, 100-140.

ÉTANG DE BERRE★

Circuit au départ de Martigues *(112 km, une demi-journée)*

Raffineries et flamants roses, échangeurs et vieux clochers, ici le déchirement des Airbus de Marignane, là le grand silence des étendues caillouteuses de la Crau, les bords de l'étang de Berre jonglent avec les images. Créant de nouveaux paysages, la Provence industrielle a, en moins d'un demi-siècle, bouleversé les modes de vie d'une région qui autrefois vivait surtout de l'agriculture et de la pêche. Durant plus de deux millénaires, Marseille s'était contenté du bassin où elle pouvait se développer ; puis à partir de l'entre-deux-guerre, c'est la conquête de l'ouest, celle de l'étang de Berre et plus récemment l'installation du port de Fos, des aciéries et des industries pétrochimiques. Dans ce décor quelque peu hétéroclite, de vieux « villages » (Fos-sur-Mer a un charme fou) s'efforcent de préserver leur identité.

▸ **Martigues** (42 039 habitants) : la petite ville de pêcheurs au bord de l'étang de Berre, est brusquement devenue centre industriel, mais les vieux quartiers ont gardé le charme et le pittoresque qui séduisirent Corot, Ziem et tant d'autres peintres. Martigues est divisée par les canaux en trois quartiers qui ont chacun une église du XVIIe s. A Ferrières (rive N.), les **musées★** sont regroupés dans l'ancienne caserne des Douanes ; des collections archéologiques et ethnographiques y voisinent avec de la peinture provençale du XIXe s., des œuvres de Ziem, Manguin et Picabia *(10 h-12 h/14 h 30-18 h 30 sf mar., juil.-août; 14 h 30-18 h 30 sf lun. et mar. le reste de l'année)*; **viaduc-autoroutier de Caronte★**. ▸ A 3,5 km N., **chapelle Notre-Dame-des-Marins** (panorama★). ▸ A 5 km O., de part et d'autre du canal de Caronte : **Port-de-Bouc** (produits chimiques), protégé par un fort de Vauban (1664), et le port pétrolier de **Lavera** *(visite sur demande de la raffinerie BP, B.P. 1, 13117 Lavera)*. ▸ **Saint-Mitre-les-Remparts** *(à dr.)*, fortifié comme il se doit. ▸ A 3 km N.-O., les **fouilles de Saint-Blaise** ont permis d'identifier huit couches archéologiques correspondant à des occupations humaines successives, jusqu'au XIVe s. La **chapelle Saint-Blaise★**, romane (XIIe s.), très provençale d'aspect, s'élève dans un très beau site. A une centaine de mètres, le **rempart hellénistique★** (IIIe s. av. J.-C.),

Martigues : le « miroir aux oiseaux », coin favori des peintres.

surmonté de l'enceinte paléochrétienne. Petit musée. ▸ **Istres** (30 360 hab.), entre l'étang de Berre et les vastes étendues de la Crau, a depuis le début du siècle une vocation aéronautique (centre d'essais en vol). Le musée du Vieil-Istres présente du matériel archéologique et une reconstitution d'une cuisine provençale★ *(t.l.j. sf mar., 14 h30-18 h).* ▸ A 10 km S., **Fos-sur-Mer★**, imperturbable au-dessus du décor métallique de la zone industrielle, a tout le charme d'un bourg médiéval (remparts, église romane, vue★). ▸ A 8 km N.-O. de Fos, **La Fossette**, centre d'information sur le complexe industrialo-portuaire *(9 h-12 h/13 h-17 h ; f. dim. et j. fériés).* ▸ **Miramas-le-Vieux** est perché sur une table rocheuse entourée d'une enceinte médiévale (vue★). ▸ **Saint Chamas.** ▸ A 4,5 km N.-E., **Cornillon-Confoux,** joli village juché sur un promontoire (belle vue sur l'étang). ▸ A g. de la route, **pont Flavien★** du Ier s. apr. J.-C. ▸ Carrefour D 10 et D 21 : à 2 km N., **table d'orientation★** de Lançon. ▸ Dominé par un rocher abrupt de belle allure, le vieux village de **Vitrolles** a donné naissance à une énorme commune industrielle. ▸ **Marignane** (→ Marseille). □

Adresses pratiques

FOS-SUR-MER, ✉ 13270, 10 km S. d'Istres.

Hôtel :

★★★ *Interprovence,* (ex Frantel), rénovation en cours, rte d'Istres, ☎ 42.05.00.57, Tx 410812, AE DC Euro Visa, 130 ch. 🅿 350. Rest. ♦♦ *La Bastidonne* f. sam. et dim. (sf soir), 130 ; enf : 50.

ISTRES, ✉ 13800, 41 km S.-E. par d'Arles.

ℹ allées Jean-Jaurès, ☎ 42.56.91.25.
SNCF ☎ 42.55.01.21/42.56.06.22.

Hôtels :

★★★ *Le Mirage,* rue des Anciens-Combattants, ☎ 42.56.02.26, Tx 400983, AE DC Euro Visa, 28 ch. 🅿 250. Rest. ♦♦ f. lun. midi et sam. soir , sam.-dim. (h.s.), 60-120 ; enf : 35.

★★ *Aystria-Tartugues,* chem. de Tartugues, ☎ 42.56.44.55, 10 ch. 🅿 160.

★ *Le Castellan,* pl. Ste-Catherine, ☎ 42.55.13.09, 17 ch. 🅿 180.

MARIGNANE, ✉ 13700, 28 km N.-O. de Marseille.

ℹ 4, bd Frédéric-Mistral, ☎ 42.09.78.83.
✈ *Marseille-Provence,* ☎ 42.89.90.10.

Hôtel :

★★ *Saint-André,* av. Roland-Corrao, ☎ 42.09.04.11, Euro Visa, 27 ch. ☎ 🅿 185. Rest. ♦ 70-90 ; enf : 35.

Restaurant :

♦♦ *Le Moulin à Huile,* 102, av. Jean-Jaurès, ☎ 42.88.70.59, AE DC Euro Visa f. sam. midi et dim., 10-25 août. **Spéc. de poissons,** 90-110.

⛺ ★★ *Le Jai* (128 pl.), ☎ 42.09.13.07.

MARTIGUES, ✉ 13500, 15 km S. d'Istres.

ℹ quai Paul-Doumer, ☎ 42.80.30.72.
SNCF ☎ 42.81.40.57.
Loc. de voitures : *Avis,* 11, bd L.-Degut, ☎ 42.07.07.96.

Hôtel :

★★★ *Saint-Roch,* anc. rte de Port-de-Bouc, ☎ 42.80.19.73, Tx 402925, AE DC Euro Visa, 75 ch. 🅿 350. Rest. ♦♦ *Le Moulin de Paradis* 90-130.

⛺ ★★★ *Le Cap* (150 pl.), ☎ 42.80.73.02 ; ★★★ *Le Mas* (166 pl.), ☎ 42.80.70.34 ; ★★ *7 terrains,* + de 1300 pl.

BRIGNOLES*

Toulon 50, Marseille 64, Paris 815 km
10894 habitants ✉ 83170

Au cœur du pays varois, Brignoles offre un double visage : celui du vieux bourg médiéval aux toits cuits par le soleil, mais aux fontaines rafraîchissantes à l'ombre des platanes ; et au pied de la butte, des quartiers sans âge que traverse la grand'route. Désormais la cité prend possession de la plaine. Brignoles est un centre viticole important (vins de pays des coteaux du Varois).

▸ L'animation a la **place Carami** pour centre (hôtel de ville, fontaine moussue et... pastis). Un dédale de venelles grimpe au cœur du vieux bourg. ▸ **L'église Saint-Sauveur** est du gothique méridional. ▸ Le **palais des comtes de Provence** – c'était leur résidence d'été, car il fait très doux à Brignoles –, du XIIIe s. et remanié par la suite, accueille le **musée du pays brignolais** *(10 h-12 h/15 h-17 h 30 été ; 10 h-12 h/15 h-17 h hiver ; f. lun. et mar. ; si fermé tél. 94.69.00.26, poste 247)* : à retenir surtout, le célèbre sarcophage de la Gayole★ ; sculpté vers 260, c'est le plus ancien monument chrétien de la Gaule ; il est de facture grecque ; intéressante reconstitution d'une cuisine provençale★.

▷ Aux environs

▸ **L'abbaye de La Celle** qui avait jadis une fameuse réputation de légèreté : les nonnes n'y avaient pour tout uniforme qu'un ruban de soie noire. Et le chroniqueur poursuit : « on les reconnaissait à la couleur de leurs jupons et au nombre de leurs galants ». L'église romane abrite un Christ (XVe s.) d'une facture si réaliste qu'un dicton local dit : « Laï coumo lou bouan Diou de la Cello » (laid comme le Bon Dieu de la Celle). ➔ La **montagne de la Loube★** *(14,5 km S.-O. jusqu'au départ de la route interdite aux voitures; puis 3,5 km à pied)*, couronnée de calcaires dolomitiques aux silhouettes fantasmagoriques, révèle un incomparable panorama★★ des Alpes à la mer (→ le massif des Maures, Saint-Maximin-la-Sainte-Baume). □

Adresses pratiques

ℹ pl. Saint-Louis, ☎ 94.69.01.78.
SNCF ☎ 93.69.11.95/94.91.50.50.

Hôtels :

★★★ *Le Mas de la Cascade,* à 2,5 km S. par D 554, ☎ 94.69.01.49, Euro Visa, 10 ch. 🅿 f. mar. soir (e.s.) et mercr., 25 janv.-25 fév., 250-400. Rest. ♦♦ 135-250.

★★ *Château Brignoles,* av. Dréo, ☎ 94.69.06.88, TX 400283 🅿 Ch. 200-400. Rest. f. dim. et sam. soir, 120-200.

★ *Saint-Louis,* N 7, ☎ 94.69.09.20, Visa, 16 ch. 🅿 200. Rest. ♦ ♿ 60-100; enf : 50.

⛺ *Municipal* (100 pl.), ☎ 94.59.11.86.

LA CAMARGUE★★

Circuit au départ d'Arles *(91 ou 134 km, 1 journée)*

Étrange et fascinant monde amphibie où la création semble s'être arrêtée dès les premiers jours, laissant les éléments primordiaux encore mêlés dans une stagnation indécise : il faut voir la Camargue sauvage à l'aurore ou au crépuscule, par temps d'orage ou de Toussaint, lorsque étangs et nuages confondent leurs gris bleutés dans des solitudes sans limite. Immense dépôt alluvionnaire, la Camargue est la plus grande plaine de Provence (75 000 ha). Elle s'inscrit entre les deux bras du delta du Rhône (Grand Rhône à l'E., Petit Rhône à l'O.), avec Arles (→) pour sommet. Vers l'O., le paysage camarguais se prolonge jusqu'à la Costière de Nîmes. Elle doit sa physionomie si particulière au double travail des ramifications du Rhône, dont le tracé a varié au cours des temps, et de l'action de la mer.

En fait on distingue deux Camargues : une Camargue laguno-marine, sauvage, qui abrite une flore (salicorne, soude, saladelle : la fleur bleue des gardians) et une faune particulière-

Exploitation du sel en Camargue.

ment remarquable (blaireaux et castors, mais surtout hérons et flamants roses, aigrettes et canards sauvages, sarcelles, bécasses et courlis cendrés, etc.) protégées dans le parc naturel régional. C'est aussi le pays des chevaux blancs et des taureaux noirs, celui des joncs et des roseaux, de la pêche et des salines. La haute Camargue, fluvio-lacustre, est une Camargue agricole, terre de grandes propriétés. L'élevage ovin y est traditionnel, mais en régression devant les cultures favorisées depuis l'après-guerre par de grands travaux d'aménagement (drainage et irrigation : stations de pompage sur le Rhône) : vigne, légumes et fourrage, mais aussi le riz.

▶ **Arles** (→). ▶ Route D 570 (route des Saintes-Maries) vers le S.-O. ▶ A g., **mas du Pont de Rousty** où une grande bergerie ancienne abrite **l'éco-musée camarguais★**, excellente introduction à la vie de la région *(10 h-12 h/14 h-18 h 30, sf mar. et mer.; f. certains jours fériés)*; un sentier *(3,5 km)* de découverte des paysages d'un mas de Camargue complète la visite. ▶ **L'Albaron** *(à dr.)*, défendu autrefois par une tour des XIIIe-XIVe s. ▶ Route à dr. *(D 38 C, 19 km)* pour **Aigues-Mortes★★** (→). ▶ **Pont de Gau**; en bordure de l'étang de Ginès, **musée Camarguen** (documents, photos, films; *1er juil.-30 sept., 9 h-12 h/15 h-19 h*).

A proximité, **parc ornithologique** *(8 h-coucher du soleil)* permettant une approche de la faune camarguaise et surtout des principales espèces d'oiseaux.

▶ **Musée de cire du Boumian** (reconstitution de scènes camarguaises, *10 h-12 h/14 h-19 h*).

▶ **Les Saintes-Maries-de-la-Mer** : un petit village de pêcheurs assez tranquille, *Li Santo,* en provençal, qui doit à son prestige et à ses plages immenses d'être envahi pendant la saison (par bonheur le camping sauvage est désormais interdit). A l'origine des Saintes-Maries, il y a une légende qui rapporte que Marie Jacobé (la sœur de la Vierge), Marie Salomé et leur servante égyptienne Sarah, accompagnées de Marthe et de Marie Madeleine (la pécheresse), ainsi que de quelques compagnons d'exode, débarquèrent sur cette côte vers 44-45 de notre ère. Cet événement est à la naissance de grands pèlerinages dont le plus célèbre, le pèlerinage des gitans, attire, les 24 et 25 mai, près de 10 000 « boumians », comme on dit en Provence. Arlésiennes en costume et gardians prennent part à cette fête haute en couleurs, ponctuée de farandoles, de ferrades et de jeux taurins. L'**église**★ est une superbe petite forteresse (XIIe-XVe s.) qui était destinée à tenir barbares et pirates en respect. C'est ici, dans la chapelle haute renfermant les châsses en bois des saintes Maries, que Mistral fait mourir Mireille, frappée d'insolation... Au S. de l'église, le **musée Baroncelli** présente de nombreux documents sur la vie camarguaise et ses traditions *(9 h-12 h/14 h-17 h ou 18 h; f. mer. et oct.)*. ▶ La **digue à la mer** *(15 km, 30 km jusqu'au Salin-de-Giraud)* constitue la promenade (pas jusqu'au bout) traditionnelle des Saintes. Des excursions en bateau sont organisées sur le Petit Rhône. ▶ Prendre la D 85A vers le N. Peu avant le mas de Cacharel, une piste non carrossable, rejoignant Méjanes *(12 km)*, permet une observation tranquille de la nature au bord des étangs. ▶ On retrouve la D 570, puis *(14 km)* on prend à dr. *(D 37)* la route de **Méjanes.** Le domaine *(1,5 km à dr.)* est le centre d'une importante manade (troupeaux) de taureaux et de chevaux (ferrades, fêtes taurines, petit train longeant le Vaccarès). ▶ Carrefour de Villeneuve d'où vous pouvez rentrer directement en Arles (à g.) ou prolonger le circuit par le Salin-de-Giraud. ▶ La route longe l'**étang de Vaccarès** (vues★). ▶ **Salin-de-Giraud** est un village né vers la fin du siècle dernier de l'exploitation à grande échelle du sel marin. Ses maisons toutes identiques font penser aux cités ouvrières du Nord. A 12 km S.-E. *(D 36D)*, immense **plage de Piemançon** (dangereuse). Retour par la D 36 où l'on voit en passant *(600 m à dr.)* le beau **château de l'Armellière★** (1607). □

Fidèles compagnons des gardians, les petits chevaux camargues.

▶ Adresses pratiques

Les SAINTES-MARIES-DE-LA-MER, ✉ 13460, 38 km S. par Arles.

ℹ av. Van-Gogh, ☎ 90.47.82.55.

Hôtels :

● ★★★★ *Mas de la Fouque*, rte d'Aigues-Mortes, 4 km,

☎ 90.47.81.02, Tx 403155, AE DC Euro Visa, 13 ch. 🅿 ⚟ ♨ ⛱ ♪ ♿ 📺 🎾 1/2 pens. oblig. (e.s.), f. 2 nov.-28 mars. Merveilleux cadre naturel donnant sur la Camargue., 1425. Rest. ♦♦♦ ♪ ♿ f. mar. La pêche du jour et des viandes grillées au bord de la piscine, au son des guitares gitanes, 230-250.

★★★★ *Auberge Cavalière et Résidence,* rte d'Arles, ☎ 90.97.84.62, Tx 440459, AE DC Euro Visa, 48 ch. 🅿 ⚟ ♨ ⛱ 📺 🎾 310-610. Rest. ● ♦♦♦ ♪ Table soignée et très classique. Spéc. : nage de mer aux tellines, taureau gardianne à l'ancienne, filet de rouget, 130-200.

★★★★ *Pont des Bannes,* rte d'Arles, ☎ 90.47.81.09, Tx 403222, 20 ch. 🅿 ♨ ♪ 📺 f. 15 nov.-15 déc., 2 janv.-15 mars. Cabanes de gardians aménagées en bungalows individuels, 550-700 (petit déj. compris). Rest. ♦♦ ⚟ ♪ ♿ 100-180 ; enf : 65.

★★★ *Boumian,* rte d'Arles, ☎ 90.47.81.15, Tx 403222, 28 ch. 🅿 ♨ ♪ ♿ 📺 420-470 (petit déj. compris). Rest. ♦♦ ♪ ♿ 95-170 ; enf : 65.

★★★ *Etrier Camarguais,* (Mapotel), chemin bas des Launes, ☎ 90.47.81.14, Tx 403144, AE DC Euro Visa, 31 ch. 🅿 ♨ ⛱ ♿ 📺 🎾 1/2 pens. oblig., f. 15 janv.-1er avr., 682. Rest. ♦♦ ♿ 130-180.

★★★ *Mas des Rièges,* rte de Cacharel, ☎ 90.47.85.07, AE Euro, 14 ch. 🅿 ⚟ ♨ ⛱ 🏇 📺 f. Toussaint-Pâques, 235.

★★★ *Mas Sainte-Hélène,* chemin des Launes, ☎ 90.47.83.29, Tx 403222, 15 ch. 🅿 ⚟ ⛱ 500.

★★★ *Hostellerie de Cacharel,* route de Cacharel, ☎ 90.47.95.44. Un très vieux mas : celui de Colomb de Daunant où flotte le souvenir de « Crin blanc ». 10 ch., 400. Sans restaurant mais avec les chevaux des gardians et les randonnées équestres.

★★ *Hostellerie du Pont de Gau* (L.F.), rte d'Arles, ☎ 90.47.81.53, AE Visa, 9 ch. 🅿 ⛱ f. mercr., 4 janv.-15 fév., 185 1/2 pens. (490). Rest. avec véranda ♦♦ ♪ ♿ Spéc. : salade de Saint-Jacques tiède à la vinaigrette de truffes, gambas au noilly, cacharel, 80-200.

Restaurant :

● ♦♦ *Le Brûleur de Loups,* av. Gilbert-Leroy, ☎ 90.97.83.31, AE ⚟ ♨ ♪ f. mar. soir et mercr., 15 nov.-15 mars. Dans un décor 1930, une cuisine légère : salade d'artichauts et crevettes à l'huile de noix, piccata de veau aux coquilles Saint-Jacques, 160-210 ; enf : 60.

⛺ ★★★ *La Brise* (1600 pl.), ☎ 90.47.84.67 ; ★★ *Le Large* (350 pl.), ☎ 90.97.87.26.

Nos bonnes adresses :

Auberge de jeunesse : *ancienne école de Pioch-Badet,* ☎ 90.97.85.99.

Gîte à la ferme et tables d'hôtes : *Mazet du Maréchal Ferrant,* ☎ 90.97.84.60.

CARPENTRAS★★

Avignon 24, Aix 89, Paris 685 km
25886 habitants ✉ 84200

L'ancienne capitale du comtat Venaissin n'est pas seulement la capitale du fameux berlingot. De son passé, elle a hérité quelques monuments de valeur qui parsèment un réseau de ruelles médiévales, rehaussées par les parfums et les couleurs des marchés.

▸ L'Hôtel-Dieu (B3) a toute l'élégance du

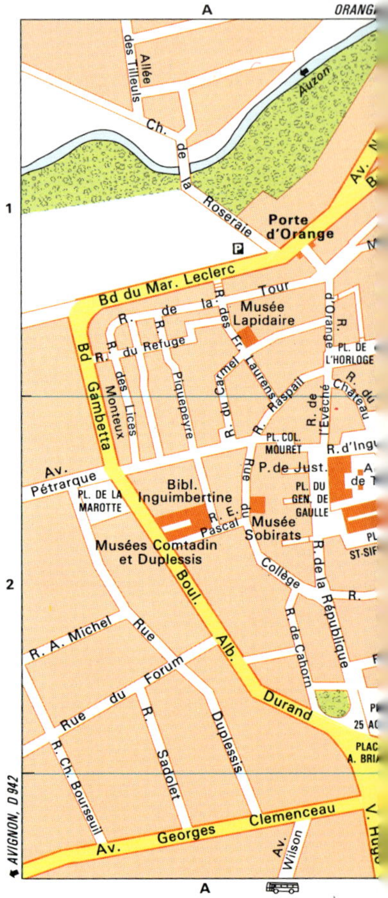

XVIIIe s., et sa pharmacie★, avec scènes en camaïeu bleu et pots anciens, est une petite merveille *(9 h-11 h 30 lun., mer., jeu.)*. ▶ La **cathédrale Saint-Siffrein** (B2) est d'un gothique assez tardif (1405-1519) ; sur le beau portail★ S. (flamboyant), la fameuse *boulo di gari* (boule aux rats), attaquée par ces rongeurs, garde le mystère de sa signification : symbole des hérésies qui dévorèrent le monde chrétien ou exorcisme contre la peste, tenue pour une malédiction divine ? A l'intérieur (belle décoration de marbre dans les chapelles), voir les vitraux du chœur (à g., primitif★ du XVe s. ; tribune d'orgue, XVIIe s.) ; dans le trésor, crosse★ en émail limousin de la fin du XIe s. ▶ Le **palais de justice** (B2), 1640, présente une façade qui est une réduction de celle du palais Farnèse (à l'intérieur, décoration★ du XVIIe s.). ▶ Au fond de la **place d'Inguimbert** (B2), qui sert de cadre au festival de Carpentras, un **arc de triomphe**

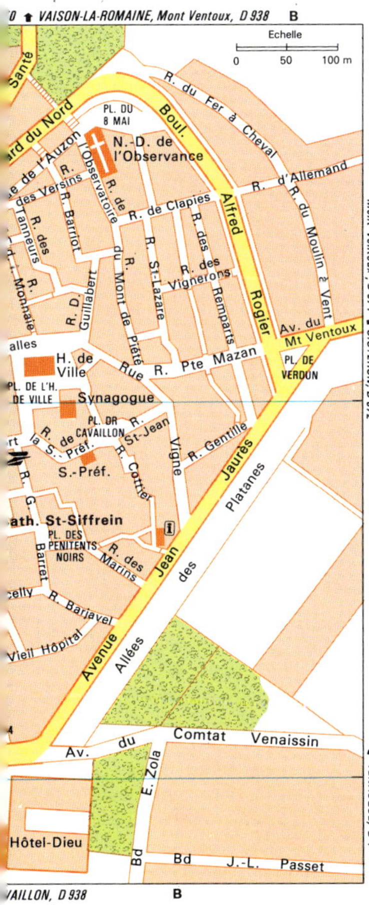

(Ier s. apr. J.-C.) témoigne du passé romain de la cité. ▸ La **synagogue★** (B-C2), la plus vieille de France, remonte à 1367 et fut reconstruite au XVIIIe s. (voir boiseries et mobilier liturgique). ▸ Avec ses galeries couvertes, la **rue des Halles★** (B2) est l'une des plus attachantes de Carpentras. ▸ La **porte d'Orange★** (B1) est le seul reste de l'enceinte construite dans la seconde moitié du XIVe s. ▸ Dans un bel hôtel du XVIIIe s. sont installés : le **musée Duplessis** (B2), consacré à la peinture (Rigaud : portrait de l'abbé de Rancé★, Valernes : la Convalescente★) ; le **musée comtadin** (souvenirs régionaux et notamment des sonnailles pour troupeaux ; *10 h-12 h/14 h-18 h, 16 h en hiver ; f. mer.*) et la **bibliothèque Inguimbertine** (autographes de Bach, Schumann, Brahms *(9 h 30-12 h/14 h 30-19 h sf sam. a.m., dim. et lun. matin)*.

Et aussi... ▸ Le **musée Sobirats** (B2 ; arts décoratifs ; *horaires : V. musée Duplessis*). ▸ Le

musée lapidaire (B2; âge du fer au Moyen Age; *s'adresser à la bibliothèque*). ▶ Le **musée de la Poésie,** parc des Ombrages *(tél. : 90.63.19.49).*

▷ Aux environs

▶ C'est le **comtat Venaissin** qui, jusqu'à la Révolution, relevait de l'autorité pontificale. Aujourd'hui, roubines et filioles aux talus plantés de grands roseaux l'irriguent et en ont fait un immense jardin : muscat de Hambourg et chasselas, golden « delicious » ou starkinson, fraises, tomates et melons se gorgent de soleil au pied de sombres rideaux de cyprès avant de venir colorer les marchés de Provence et d'ailleurs. ▶ **Château de Tourreau** *(10 km N.-O. de Carpentras),* charmante « folie » du XVIIIe s. (intéressants ex-voto dans la chapelle). ▶ **Pernes-les-Fontaines** *(6 km S.)* doit son nom aux 33 fontaines qui agrémentent rues et places; tour Ferrande (XIIIe s.; peintures murales★); église Notre-Dame (XIIe-XIVe s.); porte Notre-Dame★ de 1548. ▶ **Venasque** est perché sur un promontoire★ aigu dominant le Comtat. Dans l'église Notre-Dame, romane, Crucifixion★, primitif de l'école d'Avignon (1498). A côté, le « baptistère »★ est en réalité une petite église cruciforme du XIe s.; la cuve baptismale étant une fantaisie des restaurateurs du XIXe s. Au pied du village, centre spirituel Notre-Dame de Vie (chapelle du XVIIe s.; pierre tombale★ mérovingienne) (→ Avignon, l'abbaye de Sénanque, Fontaine-de-Vaucluse, Gordes). □

▶ Adresses pratiques

CARPENTRAS

ℹ 170, allée Jean-Jaurès (B2), ☎ 90.63.00.78.
SNCF (B3), ☎ 90.63.02.60.
Loc. de voitures : *Avis,* 115, pl. de Verdun (C2), ☎ 90.63.01.38.

Hôtels :

★★★ *Univers,* pl. A.-Briand (B3), ☎ 90.63.00.05, 25 ch. Ⓟ 200.

★★ *Fiacre,* 153, rue Vigne (C2), ☎ 90.63.03.15, 20 ch. Ⓟ 🌳 ✎ **Dans un hôtel particulier du XVIIIe s.,** 200-290.

Restaurants :

♦ *La Rapière du Comtat,* 47, bd du Nord (B1), ☎ 90.67.20.03, Euro Visa Ⓟ ☀ ♪ ♿ f. lun. soir et dim. soir, 20 déc.-31 janv., 55-110.

♦ *Le Vert Galant,* 12, rue de Clapies (C3), ☎ 90.67.15.50 Ⓟ ♪ ♿ f. jeu., 1er-15 juil., 24-31 déc., 70-100.

♦ *L'Orangerie,* 26, rue Duplessis, ☎ 90.67.27.23, f. sam. midi et lun. **Beau décor, et gastronomie inventive. Une formule tout compris,** 75.

⛺ ★★ *Villemarie* (70 pl.), ☎ 90.63.09.55.

Nos bonnes adresses :

Visites guidées : C.N.M.H.S. (juil.-août, mar. et jeu.), rens. S.I.

▷ Aux environs

MONTEUX, ⊠ 84170, 4 km S.-O. par D 942.

Hôtel :

★★★ *La Genestière,* rte de Carpentras, ☎ 90.62.27.04, Tx 432770, AE DC Euro Visa, 20 ch. Ⓟ ꙳ ♘ ♪ ⊡ ⚲ f. oct.-mars, 1/2 pens. oblig. (e.s.), 300. Rest. f. dim. soir, lun. midi ♦♦ ♪ ♿ 105-200.

Restaurant :

● ♦♦ *Le Saule Pleureur,* Beauregard, à 5 km sur la rte d'Avignon, ☎ 90.61.01.35, AE Visa Ⓟ ꙳ ♘ ♪ f. mar. soir (h.s.), mercr. et 15-30 novembre. **Michel appartient à la chaîne du Soleil, sa bonne cuisine du marché aussi : pissaladière de loup au beurre de thym, rognons de veau au miel de lavande,** 130-220.

VENASQUE, ⊠ 84210, 11 km S.-E.

Hôtel :

★★ *La Garrigue* (L.F.), rte de Murs, ☎ 94.66.03.40, 10 ch. Ⓟ ꙳ ♘ ⚘ f. mercr., 20 oct.-20 mars, 210.

CASSIS★★

Marseille 23, Toulon 44, Paris 803 km
6318 habitants ⊠ 13260

« Qu'a vist Paris, e noun Cassis, a ren vist » (Qui a vu Paris, et pas Cassis, n'a rien vu) prétend un dicton local. A vous de juger. Il est vrai que le port où, aujourd'hui, les plaisanciers sont plus nombreux que les pêcheurs, a un charme indéniable, rehaussé encore par la beauté du site : les hauteurs de la Gardiole à l'O. et les falaises abruptes du cap Canaille à l'E. Et puis, il y a le fameux vin blanc qui « brille comme un diamant limpide et sent le romarin, la bruyère et le myrte qui recouvrent nos collines » (Mistral). ▸ Petit **musée archéologique** à la mairie *(mer. 15 h-17 h, plus ven. en saison).* ▸ De la plage de la Grande-Mer, la belle **promenade des Lombards** donne une bonne vue sur l'ensemble de la baie. ▸ Mais l'attraction principale de Cassis ce sont les célèbres **calanques de Port-Miou, de Port-Pin★** et surtout **d'En-Vau★★**, accessibles en bateau *(45 mn, embarcadère quai Saint-Pierre)* ou à pied *(1 h 20 jusqu'à d'En-Vau par sentiers signalés).* Autre accès possible à partir du **col de la Gardiole** *(6 km N.-O. par D 559, puis petite route de 3 km ; 1 h à pied pour la calanque d'En-Vau).* ▸ **Corniche des Crêtes★★** : entre Cassis et La Ciotat *(19 km S.-E.),* il s'agit d'une merveilleuse route touristique *(D41A)* parcourant le petit chaînon calcaire de la Canaille qui tombe à pic dans la mer (falaises de près de 400 m par endroits ; panorama du mont de la Saoupe★★, du cap Canaille★★ et du sémaphore★★) (→ Aix-en-Provence, Marseille, le massif de la Sainte-Baume, Saint-Maximin-la-Sainte-Baume). ☐

Adresses pratiques

☎ pl. Baragnon, ☎ 42.01.71.17.
SNCF ☎ 42.01.01.18.

Hôtels :

★★★ *Les Jardins du Campanile,* rue Auguste-Favier, ☎ 42.01.84.85, Tx 441390, AE DC Visa, 40 ch. [P] ouv. tte l'année (sf Noël), 490-540. Rest. (midi slt) ♦ 150-350.

★★★ *Les Roches Blanches,* rte des Calanques, ☎ 42.01.09.30, Tx 441287, AE DC Visa, 36 ch. [P] f. 30 nov.-1er fév. **Grande demeure provençale surplombant la mer,** 320. Rest. ♦ f. sam., 150-190.

★★★ *Plage Bestouan,* Plage du Bestouan, ☎ 42.01.05.70, Tx 441287, AE, DC, Euro, Visa, 29 ch. 1/2 pens. oblig. (e.s.), f. fin oct.-fin mars, 300-350. Rest. ♦♦ 180-200.

★★★ *Rade,* 1, av. des Dardanelles, ☎ 42.01.02.97, Tx 441287, AE DC Euro Visa, 27 ch. [P] f. 15 nov.-1er mars, 220. Rest. ♦ *Suach,* 80-130.

★★ *Grand Jardin,* 2, rue Pierre-Eydin, ☎ 42.01.70.10, AE DC Euro Visa, 26 ch. [P] 200.

★★ *Le Golfe,* quai Barthélemy, ☎ 42.01.00.21, 30 ch. [P] f. nov.-mars, 200.

Restaurants :

●♦♦ *Presqu'île,* quartier Port-Miou, rte des Calanques, ☎ 42.01.03.77, AE DC Euro Visa [P] f. dim. et lundi soir en hiver et janvier à mars. **Tennis. Une fête gourmande entre ciel et mer : loup cru, rougets de roches de Cassis, loup farcis,** 220-280.

♦♦ *Chez Gilbert,* 19, quai des Baux, ☎ 42.01.71.36, AE DC Euro Visa f. dim. soir , mar. (h.s.), mar. midi (e.s), 30 nov.-15 fév. **Poissons bien préparés, bouillabaisse,** 180-250.

Δ ★★*Cigales* (300 pl.), ☎ 42.01.71.17.

Nos bonnes adresses :

Casino : av. Lerich, ☎ 42.01.78.32.

CASTELLANE

Digne 54, Grasse 63, Paris 800 km
1460 habitants ✉ 04120

Un gigantesque roc calcaire, haut de 180 m, domine cette petite ville caractéristique de la Haute-Provence.

▸ Les rues tortueuses de la vieille ville conduisent à la belle fontaine aux Lions et à l'**église Saint-Victor** du XIIe s. Derrière l'église paroissiale (moderne), un **sentier**★ (panneau) monte en 30 mn à la **chapelle Notre-Dame du Roc** après avoir longé les vestiges de l'enceinte du XIVe s. surplombée d'une belle tour pentagonale (ruines de l'ancien bourg féodal, vue★ sur le pont Napoléon et l'entrée des gorges du Verdon).

▷ Aux environs

Senez *(19 km N.-O.)*, que l'on atteint par la route Napoléon (→) qui franchit le **col des Lèques** (1 146 m, vue★) et la spectaculaire **clue de Taulanne★**. L'ancienne cathédrale de Senez, bel édifice roman provençal du début du XIIIe s., est ornée de tapisseries★ des Flandres et d'Aubusson (→ le grand canyon du Verdon, Saint-Paul-de-Vence, les clues de Haute-Provence).

Circuit des lacs★★ *(25 km, 1 h)*
▶ D955 au N. ▶ Au **col de la Blache**, un petite route à g. (D402), vers Blaron, révèle des vues★ splendides sur le lac de Castillon. ▶ **Barrage de Castillon**, de type voûte, formant un lac de 500 ha sur le Verdon. ▶ Route de Demandolx (vues★★), puis D102 *(passages délicats)* vers le **barrage de Chaudanne**, destiné comme son collègue à la production d'électricité. □

▶ Adresses pratiques

ℹ rue Nationale, ☎ 92.83.61.14.

Hôtels :

★★★ *Commerce*, pl. de l'Eglise, ☎ 92.83.61.00, AE Euro Visa, 46 ch. 🅿 ♨ 1/2 pens. oblig. (e.s.), f. 5 nov.-15 déc., 230. Rest. ♦ ♪ 60-100.

★★ *Ma Petite Auberge*, 8, bd de la République, ☎ 92.83.62.06, AE Euro Visa, 18 ch. 🅿 ♨ f. 15 oct.-15 mars, 120. Rest. ♦ ♪ f. mercr. midi, 55-160.

⛺ ★★★★*International* (80 pl.), ☎ 92.83.66.67 ; ★★★★*le Verdon* (421 pl.), ☎ 92.83.61.29 ; ★★★*6 terrains* (600 pl.)

CAVAILLON

Avignon 27, Arles 44, Paris 705 km
20830 habitants ✉ 84300

Dans la plaine comtadine, la capitale du melon prend les allures d'un gros village qui se serait étalé sans souci de l'espace occupé. Des milliers de tonnes de fruits et de légumes partent du M.I.N. (Marché d'Intérêt National).
▶ La richesse ornementale de l'**arc de triomphe romain** (place François-Tourel) contraste avec la simplicité architecturale du monument. De la place, on peut monter en 15 mn à la **chapelle Saint-Jacques** (XIIe-XVIIe s.) qui s'élève, au milieu des cyprès et des amandiers, sur la colline dominant la ville à l'O. (vue★). ▶ L'**église Saint-Véran,** de la fin du XIIe s., se signale par son abside★ à cinq pans (voir la chapelle Saint-Véran et son exubérante décoration du XVIIe s. ; le **cloître★** du XIVe s.).

▸ **Musée archéologique,** dans la jolie chapelle (1755) de l'ancien hôpital (préhistoire, matériel gallo-romain ; *10 h-12 h/14 h-18 h en saison ; 10 h-12 h/15 h-17 h hors saison ; f. mar.)* ▸ Un **musée judéo-comtadin** est installé dans l'ancienne boulangerie de la **synagogue★,** bel exemple de l'art comtadin du XVIIIe s. *(10 h-12 h/14 h-18 h ; f. mar.).* ▸ A 13,5 km S.-E., les **gorges du Regalon★** *(1 h à pied, inaccessible par temps de pluie)* (→ Avignon, les Baux-de-Provence, l'abbaye de Sénanque). □

Adresses pratiques

ℹ rue Saunerie, ☎ 90.71.32.01.
SNCF ☎ 90.71.23.98/93.71.04.40.
Loc. de voitures : *Avis,* 110, bd Crillon, ☎ 90.71.59.46.

Hôtels :

★★★ *Christel,* sur la Durance, ☎ 90.71.07.79, Tx 431547, AE DC Euro Visa, 109 ch. 🅿 265-325, suite : 550. Rest. ♦ f. sam. midi et dim. midi (h.s.), 110 + carte.

★★ *Parc,* pl. du Clos, ☎ 90.71.57.78, Euro Visa, 40 ch. 🅿 220.

★★ *Toppin* (L.F.), 70, cours Gambetta, ☎ 90.71.30.42, Tx 432631 AE DC Euro Visa, 35 ch. 🅿 130-220. Rest. ♦ 95-150 ; enf : 35.

Restaurants :

♦♦ *Fin de Siècle,* 46, pl. du Clos, ☎ 90.71.12.27, DC f. mercr., 1er-21 sept. **Spéc. : foie gras, salade de courgettes crues au saumon, feuilleté d'écrevisses,** 90-230.

● ♦ *Nicolet,* 13, pl. Gambetta, ☎ 90.78.01.56, AE DC Euro Visa 🅿 f. lun. et dim. soir. **Tout est fait maison : pain, pâtisserie, sorbets, assiette du pêcheur, noisette d'agneau au caviar d'aubergines,** 130-300.

♦ *Prévôt,* (ex. Assiette au Beurre), 353 av. de Verdun, ☎ 90.71.32.43 f. lun. et dim. soir, nouveau décor. **Spéc. : escalope de foie gras chaud,** 140-285 ; enf : 60.

⛺ ★★★*Hippodrome* (150 pl.), ☎ 90.71.11.78.

LA CIOTAT

Marseille 32, Toulon 37, Paris 806 km
31727 habitants ✉ 13600

L'horizon du vieux port, où se balancent les barques blanches et bleu pâle, est occupé par les énormes masses brunes des navires en construction. La ville vit à l'heure des chantiers navals, partage les mêmes espoirs et les mêmes inquiétudes. Au N. la cité balnéaire, palmiers et villas.

▸ Dans l'**église,** au-dessus du quai, Descente de croix, de Finsonius (1615). Un **musée** d'histoire de la marine et d'artisanat *(1er juin-30 sept., 16 h-19 h ; f. mar., jeu. et dim.).* ▸ Promenade à **l'île Verte** *(30 mn en barque, départ du vieux port),* à la **calanque de Figuerolles★**

(1,5 km S.-O.) et à la **chapelle Notre-Dame-de-la-Garde** *(2,5 km S.-O.,* vue★ sur la baie de La Ciotat). ▸ A 8 km E., **Les Lecques,** station balnéaire familiale ; musée de Tauroentum, sur les fondations d'une villa romaine du Ier s. (→ Aix-en-Provence, Marseille, Saint-Maximin-la-Sainte-Baume). □

Adresses pratiques

ℹ 2, quai Ganteaume, ☎ 42.08.61.32.
SNCF ☎ 42.83.08.63.
Loc. de voitures : *Avis,* 2, av. Franklin-Roosevelt, ☎ 42.83.41.98.

Hôtels :

★★★ *Ciotel,* corniche du Liouquet, 6 km N.-E., ☎ 42.83.90.30, Tx 441390, AE DC Visa, 43 ch. Ⓟ f. 20 déc.-9 janv., 400-640. Rest. ♦♦ f. lun. midi et dim. soir, 150-295 ; enf : 50.

★★ *La Rotonde,* 44, bd de la République, ☎ 42.08.67.50, Visa, 32 ch. Ⓟ 210.

⛺ ★★★*Saint-Jean* (90 pl.), ☎ 42.83.13.01 ; ★★*Castel Joli* (100 pl.), ☎ 42.83.50.02 ; ★★*Sauge* (230 pl.), ☎ 42.83.47.65 ; à Liouquet, ★★*Oliviers* (533 pl.), ☎ 42.83.15.04.

★★

COLMARS-LES-ALPES

Barcelonnette 44, Digne 71, Paris 816 km
314 habitants ✉ 04370

Dans un magnifique cadre de montagnes (1 295 m d'alt.), la petite ville a fière allure avec son habit guerrier de forts et de remparts, de tours et de murailles percées de meurtrières. Le **fort de Savoie★**, en amont, et le fort de France, en aval, la gardaient de toute visite intempestive, et aujourd'hui le décor n'a guère changé depuis le XVIIe s.

Aux environs

▸ Colmars est un bon centre d'excursions (200 km de sentiers balisés, cartes à disposition au S.I.) dans la vallée du Verdon : au N. vers **Allos,** au S. jusqu'au **lac de Castillon** (→ Castellane) : à proximité de **Beauvezer** *(5,5 km S.-O. de Colmars),* promenade recommandée dans les **gorges de Saint-Pierre★** *(D 252 au S.-E., puis 1 h à pied).* ▸ De Colmars, belle route de montagne (D 2) au S.-E. par le **col des Champs★** (2 095 m) sur **Saint-Martin-d'Entraunes,** vers les **gorges de Daluis★★** (→). □

Adresses pratiques

COLMARS-LES-ALPES
ℹ Hôtel des Postes, ☎ 92.83.41.92.

Tons d'automne sur la route du col d'Allos.

Hôtel :

★★ *Chamois,* ☎ 92.83.43.29, 26 ch. 🅿 f. Pâques-20 mai, 10 oct.-25 déc., 200. Rest. ♦ 90-120.

▷ Aux environs

ALLOS ⊠ 04260, 8 km N.

Hôtel :

★ *Altitude 1500,* au Seignus, 2 km O. par D26, ☎ 92.83.01.07, 16 ch. 🅿 f. mai, 1er sept.-15 déc., 190. Rest. ♦ ♿ Réserver, 75-120.

BEAUVEZER, ⊠ 04440, 6 km S.

Hôtel :

★★ *Verdon* (L.F.), ☎ 92.83.44.44, 26 ch. 🅿 1/2 pens. oblig. (e.s.), f. janv. (en sem.), 20 mai-1er juin, 31 oct.-28 déc., 190. Rest. ♦ 60-140.

DIGNE-LES-BAINS★

Gap 87, Aix 110, Paris 745 km
16391 habitants ⊠ 04000

Étape touristique sur la route Napoléon (→), centre d'excursions dans les Alpes de Provence, station thermale en pleine expansion où l'on oublie vite ses rhumatismes et ses ennuis respiratoires, Digne ajoute à tous ces titres celui de capitale de la lavande.
▸ Les Dignois se retrouvent généralement sous les beaux platanes du **boulevard Gassendi** (B2) et place Charles-de-Gaulle, sous le regard imperturbable du philosophe Gassendi (1592-1655), né à Champtercier, un village voisin. ▸ Dans le **musée municipal** (C2), archéologie et minéralogie, mais aussi de bonnes peintures des écoles française et étrangère (portraits par Franz Pourbus) et d'artistes dignois *(10 h-12 h/14 h-18 h; f. lun.)*. La **cathédrale Notre-Dame du Bourg★** (par C1), du XIIIe s., est une des plus majestueuses églises romanes de Provence (vestiges de peinture murale, XIVe-XVIe s.). ▸ La **Fondation Alexandra David-Néel** est située dans la maison où l'exploratrice passa les dix dernières années de sa vie. On peut y voir les objets, livres, bijoux, photos rapportés par la voyageuse et commentés *(le matin sur R.V. et t.l.j. à 15 h et 17 h)* par Marie-Madeleine Peyronnet (la « tortue » des livres). Depuis 1985, un festival tibétain avec conférences et stage y est organisé (rens. : Fondation Alexandra David-Néel, ☎ 92.31.32.38 ou O.T. de Dignes-les-Bains).

▷ Aux environs

▸ La **réserve géologique**, créée autour de Digne, englobe 76 000 ha *(stages d'initiation et sorties y sont organisés : renseignements au S. I.)*. ▸ **Courbons★** *(6 km N.)* tasse ses vieilles maisons sur une échine rocheuse; église romane et gothique (vue★). ▸ Les **préalpes de Digne**, entre Durance et Verdon, dressent leurs sommets dénudés sous un ciel d'une pureté exceptionnelle. On retrouve ici ces clues taillées profondément dans le calcaire par les torrents : **clues de Barles★** *(16 km N.)*, d'où l'on peut poursuivre par *(35 km N.)* le **col du Fanget** (vue★ sur les préalpes) jusqu'à **Seyne-les-Alpes**, petite station d'été et de sports d'hiver dans un beau site alpestre. ▸ Vers le S. *(18 km de Digne)*, c'est la **clue de Chabrières★**, resserrée entre deux falaises calcaires (→ Clues de Haute-Provence, Route Napoléon). □

Adresses pratiques

⚲ ☎ 92.31.06.68, f. mars-déc.
ℹ Rond-Point (A3), ☎ 92.31.42.73.
SNCF (hors plan A3), ☎ 92.31.00.67.
🚌 (A3), ☎ 92.31.50.00.
Loc. de voitures : *Avis,* Rte de Marseille (Garage Peugeot), ☎ 92.31.06.11.

Hôtels :

★★★ *Ermitage Napoléon,* bd Gambetta (hors plan A3), ☎ 92.31.01.09, AE DC Euro Visa, 59 ch. 🅿 (parc) (calme) pens. oblig. (e.s.), f. nov. à mars, 300-350. Rest. ♦♦ (vue) ♿ f. lun. midi et sam. midi, 150-170.

★★★ *Grand Paris,* 19, bd Thiers (A-B3), ☎ 92.31.11.15, Tx 430605, AE DC, 32 ch. 5 appts 🅿 f. dim. soir et lun., janv.-fév.. **Très bel établissement au centre ville. Du cossu de bon ton,** 220-480. Rest. ♦♦♦ (musique) **Table de classe. Spéc. : escalope de truite aux poivrons rouges, mignonette d'agneau,** 180-250.

★★ *Mistre,* (Mapotel) 65, Bd Gassendi (B2), ☎ 92.31.00.16, AE Euro Visa, 19 ch. 🅿 f. 10 déc.-10 janv., 225-300. Rest. ♦ 130-180.

LE TRAIN DES PIGNES

Entre Nice et Digne, de la mer à la montagne, 150 km pour rêver dans un petit train en vacances, qui, de vallées en gorges et en villages, prend le temps de vous faire découvrir les merveilles de l'arrière-pays niçois. En compagnie du Var, par Puget-Théniers et Entrevaux, puis à travers la montagne par Annot, Saint-André-les-Alpes et Barrême. Chaque arrêt est presque une fête. De nombreux randonneurs utilisent le train des Pignes pour gagner leur base d'excursions.

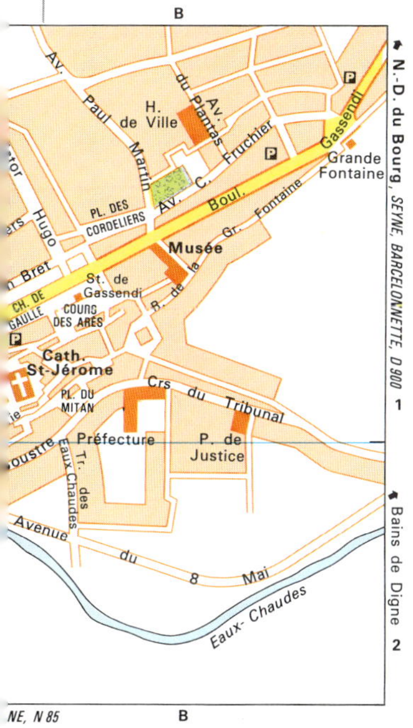

★★ *Central,* 26, bd Gassendi (B2), ☎ 92.31.31.91, Visa, 22 ch. ♪ 130.

★ *Le Petit Saint-Jean,* cours des Ares (B-C2), ☎ 92.31.30.04, 18 ch. 🅿 ✎ pens. oblig., f. 25 déc.-1er fév., 180, pension (240). Rest. ♦ 60-110.

⛺ *Municipal* (186 pl.), ☎ 92.31.04.87.

Nos bonnes adresses :

Manifestations : *foire d'artisanat d'Art,* en juil.; *foires et marchés,* t.l. mercr. et sam. mat.; *foire à la brocante,* en juil.-août; *fête de la lavande,* 1er w.-e. d'août.

♥ Antiquaire : *Betty Gleize,* 9, bd Gassendi, ☎ 92.31.55.33.

DRAGUIGNAN

Fréjus 29, Toulon 81, Paris 864 km
28194 habitants ✉ 83300

Le baron Haussmann, on le sait, aimait les perspectives et les boulevards rectilignes. Préfet du Var, il fit tracer, au S. de la vieille ville, les artères et les promenades qui donnent à Draguignan une certaine ampleur. Débarrassée au Ve s. d'un dragon encombrant qui eut le temps de lui laisser son nom, la ville a moins apprécié, en 1974, le transfert de la préfecture à Toulon, compensé il est vrai par l'implantation à Draguignan de plusieurs écoles d'artillerie.

▸ L'animation urbaine a pour axe le **boulevard Clemenceau,** perspective de la sous-préfecture. ▸ Derrière le théâtre, le **musée** présente de l'archéologie locale, des céramiques anciennes (Moustiers) et de bonnes peintures du XVIIe au XXe s. : David Téniers, Parrocel, trois paysages de Ziem *(9 h-12 h/14 h-18 h; f. lun., dim. et j. fériés).* Dans le même bâtiment, la **bibliothèque** s'enorgueillit de posséder, entre autres, un manuscrit du Roman de la Rose, avec des enluminures du XIVe s. ▸ Un peu plus loin, la place du Marché, agréable avec ses fontaines et ses platanes, et le petit monde clos de la **vieille ville** où l'on pourra flâner jusqu'à la tour de l'Horloge qui a remplacé l'ancien donjon.

▷ Aux environs

▸ Le Malmont★ *(6 km N.),* pour les amateurs de panorama (table d'orientation). ▸ **Comps-sur-Artuby** que l'on atteint par les belles **gorges de Châteaudouble★** ou par la D 49 qui monte jusqu'à Ampers et permet de passer voir **l'église romane** restaurée de Châteaudouble et son château ruiné, deux charmants villages. Comps est le type même de ces bourgs perchés qui sont descendus de leur colline. La chapelle Saint-André★, remarquable petite église gothique (XIIIe s.), veille toujours sur le vieux village du haut de son rocher. ▸ A 9 km N.-E. de Comps-sur-Artuby, **Bargème★** serre ses maisons dans une enceinte fortifiée, à plus de 1 000 m d'altitude. Au-dessus, fièrement campé sur le roc, le château des Pontevès. ▸ D'autres **villages varois★** des environs de Draguignan méritent d'être cités : **Callas** *(14 km N.-E.),* **Bargemon, Lorgues** *(13 km S.-O.),* **Les Arcs** *(10 km S.),* pour le simple plaisir d'y être, de flâner dans les vieilles rues pentues, de goûter la fraîcheur de la fontaine sous les platanes, d'écouter les cigales près du rempart, le regard perdu sur les cyprès, les oliviers ou les vignobles de la campagne varoise. ▸ **Chapelle Sainte-Roseline★** *(4 km N.-E. des Arcs),* de style roman provençal (retable★ baroque encadrant une Descente de croix en haut-relief, XVIe s. ; vitraux de Bazène et Ubac, etc.) (→ Le grand canyon du Verdon, Le Massif des Maures, Aups, Seillan). □

▸ Adresses pratiques

DRAGUIGNAN

ⓘ 9, bd Clemenceau, ☎ 94.68.63.30.
SNCF ☎ 94.68.01.13.
Loc. de voitures : *Avis,* Gare S.N.C.F.

Hôtels :

★★★ *Col de l'Ange,* (Inter-Hôtel), rte de Lorgues, 3 km par D 557, ☎ 94.68.23.01, Tx 970423, Visa, 30 ch. 🅿 ⚟ ♨ ♧ 🖾 1/2 pens. oblig. (e.s.), f. sam. midi (h.s.) et 1er-15 janvier, 200-300. Rest. ♦♦ 130-160.

★ *Le Dracénois,* 14, rue du Cros, ☎ 94.68.14.57, AE DC Euro Visa, 15 ch. 🅿 ♧ ♪ 145.

⛺ ★★*De la Foux (133 pl.),* ☎ 94.68.18.27.

Nos bonnes adresses :

Manifestations : *salon des antiquaires,* début fév. ; *salon international d'art,* en juil.

Marché : *aux puces,* 1er sam. de chaque mois.

♥ truites, écrevisses : *Alain Guiran,* ☎ 94.68.02.55 ; à Seyran, spécialités de Provence : *René Eugène,* ☎ 94.68.05.93.

▷ Aux environs

AMPUS, ✉ 83111, 14 km N.-O.

Restaurant :

● ♦ *La Fontaine d'Ampus,* pl. de la Mairie, ☎ 94.70.97.74 ♨ ♪ f. lun. et dim. soir sf juil.-août, 10 janv.-15 fév. Une agréable fontaine d'abondance sur la petite place du village : terrine d'aubergines au coulis de tomates, fricassée de jarret et ris de veau à l'orange. Vins du pays, 140.

Les ARCS-SUR-ARGENS, ✉ 83460, 12 km E.

Hôtel :

● ★ *Le Logis du Guetteur,* pl. du Château, ☎ 94.73.30.82, AE DC Euro Visa, 10 ch. 🅿 ⚟ ♨ ♧ ♪ f. vend., 15 nov.-15 déc. Un château fort du XIe dominant la campagne environnante, 200. Rest. ♦ ⚟ ♪ Spéc. : petit ragoût d'écrevisses, poularde noire aux dés de langouste, 80-160.

BARGEMON, ✉ 83620, 20 km N.-E.

Restaurant :

●♦♦ *Maître Blanc,* rue J.-Jaurès, ☎ 94.76.60.24, AE DC Euro Visa ♿ f. mercr. et janv.). Selon l'inspiration, l'humeur et le marché du jour : tourte de civet de lapin, pintade flambée à la fine champagne, 85-120.

COMPS-SUR-ARTUBY, ✉ 83840, 32 km N.

Hôtel :

★★ *Grand Hotel Bain* (L.F.), ☎ 94.76.90.06, Euro Visa, 17 ch. 🅿 ⚟ 🐕 f. 12 nov.-20 déc., 195. Rest. ♦ ⚟ 60-135 ; enf : 45.

Maison provençale

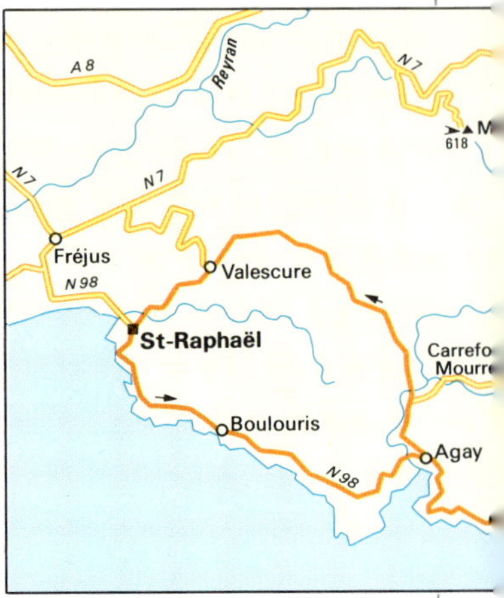

LE MASSIF DE l'ESTÉREL★★

Circuit au départ de Saint-Raphaël *(76 km, une demi-journée ; voir schéma 1)*

Citadelle de porphyre, rabotée, déchiquetée, sculptée par l'érosion, l'Esterel dresse ses pyramides et ses aiguilles rouges au-dessus d'une mer qui par contraste n'en paraît que plus bleue. La côte, « renfrognée, ébréchée et rôtie », d'après Frédéric Mistral, détache promontoires et archipels, découpe criques et calanques. Et la route se plie à tous ces caprices, entre Cannes et Saint-Raphaël, pour le plus grand plaisir des yeux. Reculant devant les incendies et la maladie du pin maritime, la forêt, ne recouvre plus qu'une faible partie du massif. Aussi, l'Office des Forêts s'efforce-t-il d'introduire des espèces plus robustes : eucalyptus, chênes verts, chênes-lièges, etc.

▸ **Saint-Raphaël** (→). ▸ **Plage du Dramont** : passé le camping, on accède en 20 mn au sémaphore (belvédère panorama★★). ▸ **Agay** : un petit golfe merveilleux, et une grande plage pleine de soleil, le rêve quoi... Grecs et Romains fréquentaient déjà l'endroit. ▸ 5,5 km après la station d'**Anthéor,** s'engager à g. dans la route forestière (barrière rouge et blanche) du pic de l'Ours. ▸ Vous passez au pied du **pic du Cap Roux** (*sentier balisé, 2 h A.R.*; panorama★★ somptueux), puis du **rocher de Saint-Barthélemy,** d'où la vue★ *(30 mn A.R.)* sur la rade d'Agay n'est pas mal non plus. ▸ Au carre-

four de Mourrefrey, prendre à dr. ▸ Le regard se perd sur les vastes étendues dénudées du massif, puis découvre une vue★★ fabuleuse sur le littoral, Cannes et les îles de Lérins. ▸ **Col Notre-Dame**, point de départ de plusieurs promenades balisées dont celle du **pic de l'Ours** *(1 h 30 A.R.)* occupé par un émetteur de télévision (panorama★★★ imbattable sur la mer et les Alpes). ▸ Jonction avec la N 7, puis retour par la **Corniche d'Or** dans une débauche de rouge et de bleu (et que dire des soleils couchants!), de criques en calanques et en stations balnéaires : **La Napoule-Plage** (→ Cannes), **Théoule-sur-Mer, La Galère** et sa cité marine, **Miramar** et **Le Trayas.** ▸ D'Agay se détache la route de **Valescure**, dont les villas dispersées dans une belle pinède se tiennent un peu à l'écart de l'effervescence de Saint-Raphaël. ▸ Autre belvédère de l'Esterel, le **mont Vinaigre** (18 km N. de Saint-Raphaël). □

▸ Adresses pratiques

THEOULE-SUR-MER, ✉ 06590, 10 km S.-O. de Cannes.

ℹ pl. du Gal-Bertrand, ☎ 93.49.97.75.
SNCF ☎ 93.49.96.17.

Hôtels :

★★★★ *Villa Anna Guerguy,* la Galère, 2 km par N 98, ☎ 93.75.44.54, 14 ch. P ☼ ♧ ☞ ✂ f. 1er oct.-10 fév., 650. Rest. ♦♦ ☼ ✂ f. mercr. Cadre agréable sous les orangers face aux îles de Lérins. Spéc. : langouste, bourride, 230-310.

★★★ *La Tour de l'Esquillon,* Miramar, ☎ 93.75.41.51, AE DC Euro Visa, 25 ch. P ☼ ♧ ☞ f. 10 oct.-1er mars. Plage privée, 650. Rest. ♦ ☼ 170-230.

★★★ *Saint-Christophe,* 47, av. de Miramar, Miramar, ☎ 93.75.41.36, Tx 470878, AE DC Euro Visa, 40 ch. P ☼ ♧ ♪ ▭ 1/2 pens. oblig. (e.s.), f. 1er nov. 10 avr. Plage privée, 850. Rest. ♦♦ ☼ ♪ 100-185 ; enf : 60.

★★ *Corniche d'Or,* 10, bd de l'Esquillon, Miramar, ☎ 93.75.40.12, Visa, 30 ch. P ☼ ♧ ☞ ▭ pens. oblig. (e.s.), f. oct.-Pâques, 520. Rest. ♦ ☼ 80-130.

L'Estérel dresse ses promontoires de porphyre sculptés par l'érosion au-dessus des eaux bleues.

FONTAINE-DE-VAUCLUSE*

Carpentras 21, Avignon 30, Paris 705 km
606 habitants ⌧ 84800
L'Isle-sur-la-Sorgue

Entre Ventoux et Lubéron, c'est le domaine de la garrigue : le plateau de Vaucluse. Un maquis parfumé y dispute sa place à une pierre sauvage ou domestiquée en de longs murets ou encore en bories. La terre ici n'est riche que de lumière, la moindre vallée prend des allures de gorges, les rivières disparaissent et les fontaines jaillissent au pied des falaises. Arrosée par la Sorgue, déjà abondante, Fontaine-de-Vaucluse s'auréole du mystère de sa source nichée dans la verdure et dominée par une formidable falaise. C'est la vallée close, Vallis clausa, où plane le souvenir de Pétrarque (1304-1374) qui, dans cette solitude, tenta d'apaiser sa passion sans espoir pour la belle Laure.

▸ L'**église Saint-Véran** est un bon exemple de petite construction romane provençale. ▸ Bordé de cafés et de marchands de souvenirs, le **chemin de la Fontaine** *(10 mn)* remonte la rive dr. de la Sorgue; à dr., le **musée Norbert Casteret** (collection spéléologique; *9 h-12 h/14 h-18 h été; en hiver a.m.*) et le **moulin à papier Vallis Clausa**★ (fabrication du papier à la main, vente; *9 h-12 h 30/14 h-18 h, dim. : 10 h 30-12 h 30/14 h-18 h; été : 9 h-19 h*). ▸ **Musée des Restrictions** (témoignages et souvenirs de la guerre de 40, *t.l.j., 13 h-18 h 30, sf lun.*). ▸ La **fontaine de Vaucluse**★★ est le débouché d'un fleuve souterrain drainant les eaux des plateaux calcaires de Vaucluse. En hiver ou au printemps, le débit peut atteindre 150 000 litres par seconde. Le reste du temps c'est une nappe d'eau qui dort au fond d'une conque rocheuse.

▷ Aux environs

▸ **L'Isle-sur-la-Sorgue**, traversée par de multiples bras de la Sorgue sur laquelle tournent encore quelques vieilles roues moussues; l'église★ est un bel exemple du baroque provençal (XVIIe s.); à l'intérieur nombreuses œuvres d'art dont une Assomption★ en bois doré (revers de la façade), une Nativité★ de Parrocel (1704; 5e chapelle g.), et Jésus apparaissant à Madeleine★, du même artiste (1707; 4e chapelle g.). Dans l'Hôtel-Dieu, pharmacie★ du XVIIIe s. ▸ **Le Thor** *(10 km O.)*, dont l'église★ de la fin du XIIe s. est un des meilleurs exemples de l'art roman provençal. A 2,5 km N. du Thor, la **grotte de Thouzon** (*9 h-19 h, Pâques-fin oct., en hiver, 14 h-18 h, dim. seul.*) (→ Carpentras, abbaye de Senanque, Gordes). □

▸ Adresses pratiques

FONTAINE-DE-VAUCLUSE

ⓘ pl. de l'Eglise, ☎ 90.20.32.22 (e.s.).

Hôtels :

●★★ *Parc* (L.F.), Les Bourgades, ☎ 90.20.31.57, AE DC Visa, 12 ch. Ⓟ ⚘ ♨ ⚲ f. mercr., 2 janv.-15 fév., 210. Rest. ♦♦ ⚘ ♿ 100-180.

★★ *Les Sources*, ☎ 90.20.31.84, 12 ch. Ⓟ ⚘ ♨ ⚲ ✿ f. lun. soir (15 nov.-avr.) et janv., 200. Rest. ♦ ⚘ 50-100.

Restaurant :

♦♦ *Hostellerie du Château*, quartier Petite Place, ☎ 90.20.31.54, DC Euro Visa, 5 ch. ⚘ ♨ f. mar., 1er fév.-1er mars 105. Rest. 90-170.

⛺ ★★*Les Prés* (50 pl.), ☎ 90.20.32.38.

▷ Aux environs

L'ISLE-SUR-LA-SORGUE, ✉ 84800, 9 km O.
ℹ pl. de l'église, ☎ 90.38.04.78.

Hôtel :

★★ *Le Pescadou* (L.F.), Le Pescadou, Le-Partage-des-Eaux, ☎ 90.38.09.69, 10 ch. Ⓟ 1/2 pens. oblig., f. lun. soir , déc.-fév., 170. Rest. ♦ 85-110; enf : 40.

⛺ ★★★*La Sorguette* (165 pl.), ☎ 90.38.05.71.

Nos bonnes adresses :
Manifestations : *festival de la Sorgue,* en juil.

FORCALQUIER★★

Digne 49, Aix 66, Paris 774 km
3790 habitants ✉ 04300

Entre Durance et Ventoux, le pays de Forcalquier est cette haute terre pleine de lumière, de silence et de paix qui s'étage tranquillement jusqu'à la montagne de Lure (→), l'Olympe provençal. La lavande et le thym, la truffe et le miel : derrière une nature en apparence aimable se cachent en fait la solitude et l'austérité d'un pays où les fermes ont des allures de petites forteresses, où les vieux bergers de Giono, un peu mages, un peu poètes, continuent de guider leurs troupeaux dans le tintement des sonnailles sur les chemins poussiéreux. Au cœur de cette terre, perché sur un piton, Forcalquier, ville des « quatre reines » (les quatre filles de Raymond de Béranger et Béatrice de Savoie devinrent toutes Reines) est un bourg qu'animent les foires mensuelles *(1er lun. du mois)* et le marché hebdomadaire où les agneaux, notamment, font l'objet d'importantes transactions.
▶ L'austérité de l'**église Notre-Dame de Provence** (table d'orientation et panorama★), romane, fait ressortir l'élégance de son portail gothique. Jolie fontaine sur son parvis, un passage couvert donne accès à l'ancien quartier juif et à la synagogue. ▶ L'été, expositions et concerts ont pour cadre le **couvent des Cordeliers**★ (XIIIe s.; *mai-juin, 14 h 30-18 h 30; juil-août, 10 h-12 h/14 h 30-18 h 30 f. en hiver*). ▶ Le **musée** renferme des collections archéologiques, d'art sacré et du mobilier provençal *(t.l.j. sf w.e., 15 h-16 h)*. ▶ Au hasard d'une promenade dans la vieille ville, on découvrira quelques façades sympathiques de vénérables hôtels (rue des Cordeliers, du Collège, rue Béranger et rue du Palais). ▶ Au N. de la ville, le **cimetière**★ classé, dans son décor d'ifs

taillés, mérite un coup d'œil. ▸ Au centre, bel escalier à vis sur le chemin des cratoises, fontaine gothique (1511), classée.

▷ Aux environs

▸ **Notre-Dame-de-Salagon** *(4 km S.)*, ancien prieuré dont subsistent un bâtiment Renaissance et une église du XIIe s. (chapiteau historié★ et chapiteaux corinthiens antiques *t.l.j., 14 h-18 h*). ▸ **Château de Sauvan** (à Mane, *5,5 km S.; t.l.j., 15 h-18 h, sf sam.*), résidence d'un classique très pur (XVIIIe s.), entourée d'arbres séculaires parmi lesquels des cèdres dont les graines ont été importées clandestinement du Liban au XVIIIe siècle. ▸ **Saint-Michel-l'Observatoire** *(11 km S.-O.; t.l. mer. à 15 h et avr.-sept., 1er dim. du mois à 9 h 30)* doit à la pureté de son atmosphère l'établissement, en 1938, d'un observatoire qui lui donna son nom. L'**observatoire**★ est situé à 2,5 km N. du village *(15 h mer. et 1er dim. du mois d'avr. à sept.)*. ▸ **Banon** *(25 km N.-O.)* est un de ces villages peu à peu descendus de leur perchoir, où les maisons hautes et étroites, noyées d'ombre, se pressent à l'intérieur des remparts. Le Banon, c'est aussi un fameux fromage de chèvre saupoudré de sariette (la pèbre d'aï), parfait accompagné d'un petit gigondas. ▸ **Lurs** *(11 km E.)*, village médiéval où se tiennent chaque année les rencontres internationales des arts graphiques. ▸ **Prieuré de Gânagobie**★★ *(18 km N.-E.)*, juché sur le rebord d'un petit plateau couvert de chênes verts et de maquis ; église romane (XIIe s.), sobre et harmonieuse, dont on remarque le portail★ et les mosaïques★ du sanctuaire, d'une richesse iconographique exceptionnelle inspirée de l'Orient *(9 h 30-11 h 30/14 h 30-16 h 30-17 h 30 saison)*. Promenades sur le **plateau de Gânagobie** (panorama★ sur la Durance). ▸ A 25 km N.-E. de Forcalquier, les célèbres **rochers des Mées**★ s'alignent comme des pénitents de pierre (→ le Lubéron, Manosque). □

▶ Adresses pratiques

ℹ pl. Bourguet, ☎ 92.75.10.02.

Hôtels :

★★ *Auberge Charembeau,* (L.F.), rte de Niozelles, ☎ 92.75.05.69, 11 ch. Ⓟ 1/2 pens. oblig., f. 15 nov. au 15 févr., 175-200. Rest. ◆◆ f. lun. Réservé à la clientèle de l'hôtel. Spéc. : côte de veau aux morilles, ragoût de coquilles Saint-Jacques, 120.

★★ *Deux Lions,* (C.H.,L.F.), 11, pl. du Bourguet, ☎ 92.75.25.30, 18 ch. Ⓟ f. dim. soir, lun. matin (h.s.), janv.-fév., 150-250. Rest. ◆◆◆ f. lun. et dim. soir. Depuis le XVIIe s., cet authentique relais de poste est une étape excellente. Spéc. : sauté de homard aux pâtes, pigeon rôti aux parfums de Provence. Cave superbe, 120-200 ; enf : 45.

FRÉJUS★★

Draguignan 29, Cannes 40, Paris 874 km
32698 habitants ✉ 83600

Entre deux bains au bord d'une immense plage de sable fin, on vient admirer, vestiges de sa gloire, les ruines de la ville fondée par Jules César sur la route de l'Espagne. De son passé épiscopal, Fréjus garde un ensemble architectural de toute beauté.

▶ La **cathédrale★** (C1-2) est un bon exemple des débuts de l'art gothique en Provence (1200). Notez les vantaux★ Renaissance *(s'adresser au gardien)* du portail, la puissance des voûtes d'ogives de la nef, le retable★ de 1450 (au-dessus de la porte de la sacristie). ▶ Le **baptistère★★** octogonal remonte au Ve s. Quant au **cloître★** (fin du XIIe s.), il compose un charmant tableau avec son petit jardin et son vieux puits. ▶ Les fouilles de Fréjus ont livré un abondant matériel gallo-romain exposé au **musée archéologique**, dans les dépendances du cloître (mosaïque★, tête de Jupiter★, Ier s. av. J.-C., Diane courant★, etc.; *baptistère, cloître et musée : 9 h 30-12 h/14 h-18 h, 16 h 30 en hiver; f. mar. et certains j. fériés).*

▶ Les monuments romains de Fréjus remontent à la fondation même de la colonie (49 av. J.-C.) ou du port militaire. D'une construction soignée, ils sont dépourvus du luxe qui apparaîtra

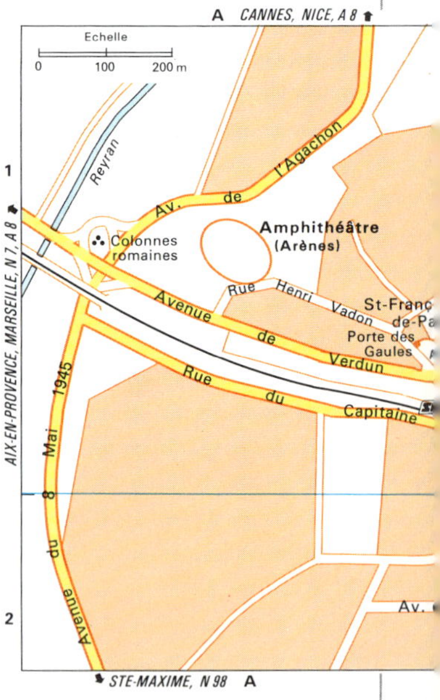

plus tard dans les édifices de l'empire. On voit principalement : l'**amphithéâtre**★ (les arènes, A1, 114 m sur 82; *9 h 30-12 h/14 h-18 h, 16 h en hiver; f. mar.*) qui pouvait contenir plus de 10 000 spectateurs, le **théâtre** et l'**aqueduc** (C1), la **porte d'Orée** (C2), vestige peut-être des thermes du port.

▷ Aux environs

▸ Les souvenirs des troupes coloniales à Fréjus : la **pagode bouddhique** *(2 km N. du centre)* et la **mosquée soudanaise** *(4 km N.-O.)*. ▸ Le **parc zoologique** et le **safari de l'Esterel** *(5 km N.;* entre les lions et vous, votre pare-brise seulement). ▸ La **montagne de Roquebrune** *(à l'O.)*, sentinelle avancée de grès rouge du massif des Maures. Du bourg pittoresque de **Roquebrune-sur-Argens** *(11 km O. de Fréjus)*, on peut monter en voiture *(1,5 km)* au **couvent Notre-Dame de la Pitié** (vue★). ▸ **Rochers de Roquebrune** *(4 km par route puis 2 h A.R., assez pénible)* (→ Saint-Tropez). □

▶ Adresses pratiques

FRÉJUS

ℹ bd de la Libération, Fréjus-Plage, ☎ 94.51.48.42 (e.s.); pl. du Dr-Calvini (C2), ☎ 94.51.53.87.
✈ *Fréjus-St-Raphaël*, 2 km S., ☎ 94.51.04.07.
SNCF (B2), ☎ 94.51.30.53.

Hôtels :

★★★ *Résidence du Colombier*, route de Bagnols, ☎ 94.51.45.92, 61 ch. bungalows dans vaste pinède, 260-460. 🎾 🅿 Rest.-grill, f. mi-oct. à avril, 65-110.

★★ *Auberge du Vieux Four,* 57, rue Grisolle (C2), ☎ 94.51.56.38, AE DC Euro Visa, 8 ch., f. dim. et lun. soir, 20 sept.-20 oct. et vac. fév., 170-190. Rest. ● ♦♦ ♪ La douceur angevine et la fraîcheur d'une cave voûtée sous le chaud soleil de la Côte : escalope de saumon frais braisé à l'oseille, foie gras, bandol et côtes-de-provence, 180-250.

★★ *L'Oasis,* rue Hippolyte-Fabre, Fréjus-Plage, 2 km S.-E., ☎ 94.51.06.72, 27 ch. Le Rest. « Oasis » est voisin du bd d'Alger Ⓟ ♨ ☼ ✂ f. mercr., fév., 168. Rep. : 120-150.

Restaurant :

♦♦ *Les Potiers,* 135, rue des Potiers (B2), ☎ 94.51.33.74 ♪ ♿ f. mercr. midi et sam. midi mercr. (h.s.), 1er nov.-20 déc. Spéc. : marbré de saumon et saint-pierre sauce cresson, ris de veau aux champignons sauvages, 150-200.

Nos bonnes adresses :

Auberge de jeunesse : *domaine de Bellevue,* rte de Cannes, ☎ 94.52.18.75.
Loisirs : *Aquatica,* ☎ 94.53.58.58, parc de 8 ha avec plan d'eau de 6 000 m2 aménagé avec effets spéciaux : geysers, remous, cascades, toboggans.

▷ Aux environs

Les ISSAMBRES-SAN-PEIRE, ✉ 83380, 13 km.
ⓘ parc des Issambres, ☎ 94.96.92.51.

Hôtels :

★★★ *La Réserve,* RN 98, ☎ 94.96.90.41, Visa, 8 ch. Ⓟ ⚘ ♨ f. 30 sept.-1er avr., 300. Rest. ♦♦ ⚘ f. mercr. Bonne petite table sous les pins : nouilles fraîches au basilic, fondue varoise, filet de bœuf à la provençale, 200-250 ; enf : 55.

★★★ *Le Provençal,* San Peïre, ☎ 94.96.90.49, DC Visa, 30 ch. Ⓟ ⚘ ♨ ♪ 1/2 pens. oblig. (e.s.), f. oct.-aux Rameaux, 185-200. Rest. ♦ ⚘ ♪ ♿ 120-200.

★ *La Cigale,* Les Calanques-des-Issambres, ☎ 94.96.91.15, Euro Visa, 7 ch. Ⓟ ⚘ ☼ 1/2 pens. oblig. (e.s.), f. jeu. (h.s.), 30 sept.-1er avr., 565. Rest. ♦♦ ⚘ ♿ Spéc. : bouillabaisse, magret d'oie fumé, 140-280.

★ *Rodnoï,* San-Peïre-sur-Mer, ☎ 94.96.90.08, 7 ch. Ⓟ ⚘ ♨ ✂ 1/2 pens. oblig., f. 15 sept.-31 mars, 210. Rest. ♦ 40-80.

GORDES★★★

Carpentras 34, Avignon 38, Paris 718 km
1607 habitants ✉ 84220

Sur un promontoire escarpé des monts de Vaucluse, voici le royaume du soleil et de la lumière, un bourg-acropole portant église et château sur le piédestal géant des maisons pressées contre la roche, au-dessus des oliviers et des amandiers.

▸ Le **château★** (XIe-XVIe s.) est une forteresse sur laquelle passe le sourire de la Renaissance. Il abrite le **musée didactique Vasarely** qui présente la partie « personnelle et subjective » de l'œuvre du peintre, alors que la fondation d'Aix-

Fréjus, le cloître.

en-Provence (→) proposait grâce à un « alphabet plastique » une démarche échappant à l'éphémère et intégrant la beauté à l'espace humain qu'est la cité *(10 h-12 h/14 h-18 h; f. mar.).* ▸ La promenade dans le vieux bourg est un vrai régal : remparts, ruelles pavées, escaliers et voûtes, boutiques et ateliers d'artisans. ▸ A 3,5 km S.-O., le **village des bories★** révèle la richesse de l'architecture de pierre sèche et apporte un incomparable témoignage sur la vie rurale, car c'est le cadre authentique où vécurent quelques familles paysannes jusqu'au début du XIXe s. *(t.l.j. 9 h-coucher du soleil).*

▷ Aux environs

▸ L'**abbaye de Sénanque★★★** *(4 km N.,* →). ▸ **Moulin des Bouillons** *(5 km S.),* musée du **Vitrail★**, rétrospective de l'œuvre de Frédérique Duran *(10 h-12 h/14 h-18 h)* (→ abbaye de Sénanque, Apt, le Lubéron, Roussillon). □

Adresses pratiques

GORDES

Hôtels :

● ★★★★ *Domaine de l'Enclos* (R.C.), rte de Sénanque, ☎ 90.72.08.22, Tx 432119, AE, 14 ch. P f. 30 oct.-20 mars, 500-1 000-1/2 pension pour 2 : 900-1 400. Rest. ◆◆ ♪ f. lun. Un ensemble d'adorables petites maisons au coeur du Lubéron. Une équipe de choc en salle et en cuisine : charlotte de courgettes et lisettes, escalope de bar braisé aux mousserons, pâtisseries délicieuses, 95-180.

★★★★ *Hostellerie du Moulin Blanc,* Les Beaumettes, ☎ 90.72.34.50, AE DC Euro Visa, 18 ch. P ♪ ♿ 420-820 (petit déj. 53). Rest. ◆◆ ♪ ♿ f. lun. et mar. sf pour résidents, 170-280 (ss boisson).

★★★ *La Mayanelle,* rue de la Combe, ☎ 90.72.00.28, AE DC Euro Visa, 10 ch. f. mar. et janv., 200-300. Rest. ● ◆◆ f. mar. Spéc. : blanquette de lotte aux petits légumes, pintadeau à la provençale. Vue imprenable sur le Lubéron, 150-250.

Perché sur un promontoire escarpé, Gordes, royaume du soleil et de la lumière.

★★★ *Le Gordos,* rte de Cavaillon, ☎ 90.72.00.75, 15 ch. 🅿 f. nov.-déb. mars, 300-375.

Restaurants :

● ♦♦ *Le Mas de Touteron-Les Imberts,* ☎ 90.72.00.16, CB, AE, f. dimanche soir et lundi, et du 2 au 31 janv. Un agréable jardin dans l'immensité du Luberon. Pour les excellents menus formule d'Elizabeth Bourgeois (ARC) qui suivent les saisons, 170-280.

♦♦♦ *Le Phébus* à Joucas, rte de Murs du Saint, ☎ 90.05.78.83., Tx 650 697, AE CB. Le luxe d'une belle demeure familiale pour la cuisine créative et colorée de Xavier Mathieu. Bourride, gigot d'agneau, 180-400.

▷ Aux environs

JOUCAS, ✉ 84220 Gordes, 6 km E. par D2 et D102.

Hôtels :

● ★★★★ *Hostellerie Le Phébus* (R.C.), rte de Murs, ☎ 90.05.78.83, Tx 650697, AE DC Euro Visa, 16 ch. 🅿 1/2 pens. oblig. (e.s.), f. 15 nov.-15 mars, 450-560, 1/2 pension pour 2 : 920-995. Rest. ♦♦ **Spéc. : croustade de coquilles Saint-Jacques aux écrevisses,** 190-250; enf : 60.

★★★★ *Le Mas des Herbes Blanches* (R.C.), ☎ 90.72.00.74, Tx 432045, AE DC Euro Visa, 18 ch. 🅿 f. 20 nov.-5 mars. **Face au Lubéron, mas de pierres dans un paysage enchanteur,** 440-670, 1/2 pension pour 2 : 695-925. Rest. ♦♦ 200-300.

★★ *Host. des Commandeurs* (L.F.), ☎ 90.05.78.01, Euro

Visa, 14 ch. P f. mercr., fév., 140. Rest. ● ♦ Campagnard, simple et bon. Spéc. : fricassée de volaille au vinaigre, loup au fenouil, 60-110.

Les Bories, rte de l'Abbaye de Sénanque, ☎ 90.72.00.51, 4 ch. P f. mercr., 20 nov.-31 déc. Rest. ● ♦♦♦ f. dim. soir, lun. soir, mar. soir, mercr. et déc. Réserver. Un petit paradis perdu au milieu des champs de lavande. Cuisine inspirée : gibier frais en saison, bourride de baudroie, nougat glacé au coulis d'abricot, 200-300.

HYÈRES ★

Toulon 18, Aix 99, Paris 857 km
41739 habitants ✉ 83400

De hauts palmiers un peu fous, des fleurs partout, de larges avenues bordées d'immeubles cossus de la Belle Époque et quelques maisons mauresques accueillent les estivants dans la plus ancienne station de la Côte d'Azur.

▶ L'église Saint-Louis★ (B1), du XIIIe s., fait penser à l'Italie. ▶ A l'O. de la place Clemenceau,

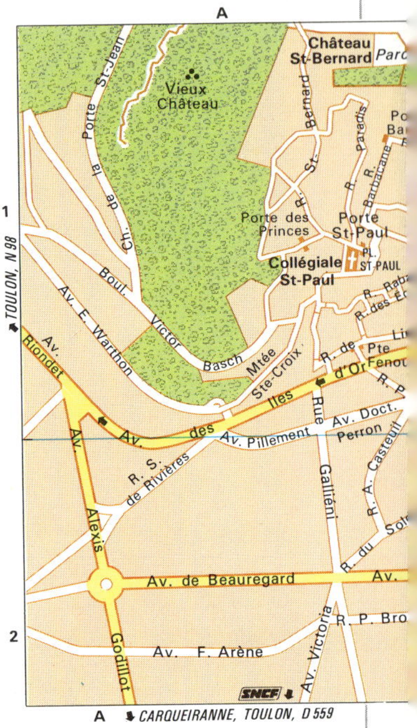

l'écheveau de la vieille ville, la **place Massillon,** où il fait bon flâner le matin quand se tient le marché. ▸ **Place Saint-Paul** (B1), on s'arrêtera pour la vue★, mais aussi pour l'église (XIe-XVIe s.), son amusante collection d'ex-voto anciens et sa crèche provençale. ▸ Plus loin, c'est une **maison romane★** (XIIIe s.) qui attire le regard. ▸ Au-dessus des toits, les tours et donjons crénelés du **château** en ruines (A1, *20 mn à pied du parking,* panorama★).

Et aussi... ▸ Le **parc Saint-Bernard,** au pied des ruines du château (fleurs méditerranéennes, vue★). ▸ Le **musée municipal** (B-C2 ; archéologie et peintres locaux ; *10 h-12 h/15 h-18 h, sam. et dim. a.-m. seul. ; f. mar.).* ▸ **Notre-Dame de Consolation★** *(3 km S.),* 1953, belle réalisation de l'architecte Vaillant, du sculpteur Lambert-Rucki et du verrier Gabriel Loir (vue★). ▸ Le **jardin Olbius Riquier★** (par B2) : palmiers, dattiers, eucalyptus, cactus, agaves, vous transportent vers d'autres horizons.

▷ Aux environs

▸ La **presqu'île de Giens** *(12 km S. jusqu'à la Tour Fondue).* Deux cordons littoraux relient cette ancienne île au rivage. Entre les deux, des marais salants et un vaste étang donnent aux reflets du ciel des couleurs différentes. On peut aller par l'une des deux routes (la route

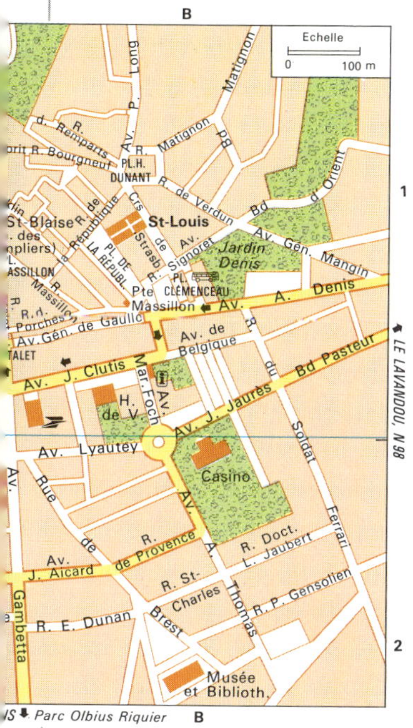

du Sel) et revenir par l'autre. ▸ **Giens** est une petite station balnéaire dominée par les ruines de son château (vue★★). ▸ La **Tour Fondue** est l'un des points d'embarquement pour Porquerolles (→ Iles d'Hyères) (→ Massif des Maures, Porquerolles, Port-Cros). □

▸ Adresses pratiques

HYERES

ℹ jardins Denis (B1), ☎ 94.65.18.55.
✈ *Toulon-Hyères,* 4 km S., ☎ 94.57.41.41.
SNCF ☎ 94.57.79.60.
🚌 pl. G.-Clemenceau (B1), ☎ 94.65.21.00.
⛴ ☎ 94.57.44.07, départ port d'Hyères vers Port-Cros, 30mn de traversée, 1 service quotidien en été, 4 serv. hebdo hors saison; ☎ 94.58.21.81, départ la Tour Fondue (presqu'île de Giens) vers Porquerolles (e.s.), 30h de traversée, 6 services quotidiens.
Loc. de voitures : *Avis,* Aéroport du Palyvestre, ☎ 94.38.98.02; Pont de la Villette, ☎ 94.38.98.02.

Hôtels :

★★★ *Paris,* 20, av. de Belgique (B1), ☎ 94.65.33.61, 32 ch. 🐕 225.

★★ *Mozart,* 26, av. A.-Denis (C1), ☎ 94.65.09.45, 14 ch. 🅿 ♿ 185.

★★ *Suisse,* 1, av. A.-Briand (B1), ☎ 94.65.26.68, 25 ch., f. sam. soir et dim., 18 déc.-10 janv., 180. Rest. ♦ 40-70.

★★ *Les Relais Bleus,* 45, av. Victoria (A2), ☎ 94.35.42.22, Tx 215375 F. **Création récente,** 44 ch., 230. Rest. 80-120.

Restaurants :

♦♦ *Le Delfin's,* pl. Clemenceau (B1), ☎ 94.65.04.27, AE DC Euro Visa 🅿 ⚘ ⅏ ⚲ f. dim., 1er-15 déc. **Spéc. de poissons,** 140-180.

♦♦ *Le Tison d'Or,* 1, rue Galliéni (A2), ☎ 94.65.01.37 ♪ f. lun. et dim. soir., hiver. Spéc. : viandes en sauce, écrevisses gambas, 95-150.

⛺ ★★★★*2 terrains;* ★★★*12 terrains.*

Nos bonnes adresses :

♥ vases, bijoux : *Le Lavandin,* 10, rue Portalet, ☎ 94.35.52.86.

▷ Aux environs

CARQUEIRANNE, ✉ 83320, 10 km N.-O.

ℹ mairie, ☎ 94.58.60.78.

Hôtels :

★★ *Plein Sud,* av. du Gal-de-Gaulle, ☎ 94.58.52.86, 17 ch. 🅿 ⚟ f. janv., 260.

★★ *Richiardi,* port des Salettes, ☎ 94.58.50.13, Euro Visa, 10 ch. 🅿 ⚟ f. 3-28 nov., 230. Rest. ♦ ⚟ ♪ ♿ 65-100; enf : 35.

★ *La Réserve,* Port des Salettes, ☎ 94.58.50.02, Euro Visa, 18 ch. ⚟ 1/2 pens. oblig. (e.s.), f. 15 fév.-1er mars, 7 oct.-7 nov., 160. Rest. ♦ ⚟ ♪ f. lun., mercr. soir, dim. soir, 80-180.

⛺ ★★★★*Le Beau Vézé* (150 pl.), ☎ 94.57.65.30; ★★★*Les Arbousiers* (100 pl.), ☎ 94.58.56.56.

GIENS, ✉ 83400, 12 km S. par D 97.

Hôtels :

★★★ *Provençal,* pl. St-Pierre, ☎ 94.58.20.09, 50 ch. 🅿 ⚟ f. 20 oct.-25-mars, parc de 2 ha, ch. avec terrasse ou balcon, 350. Rest. ♦♦ ⚟ ♪ ♿ 130-200.

★★★ *Relais du Bon Accueil* (R.S.), route du Pont-Niel-La Presqu'île, ☎ 94.58.20.48, 10 ch. 🅿 ⚟ pens. oblig. (e.s.), f. 5 nov.-15 déc., 200-350. Rest. ♦ ⚟ ♪ 120-150.

Les SALINS-D'HYERES, ✉ 83410, 6 km par sur N 98.

Restaurant :

♦♦♦ *La Vieille Auberge Saint-Nicolas,* RN 98, route des Salins, ☎ 94.66.40.01, 14 ch. 🅿 f. lun. et dim. soir (h.s.), janv. Spéc. : petits rougets grillés au fenouil, 180-250.

LES ÎLES D'HYÈRES★★

Morceau de Provence échappé de la chaîne des Maures, cet archipel apparaît comme une terre de rêve entre ciel et eau. Grecs et Romains habitèrent ces petits paradis que la Renaissance avait baptisés les « Iles d'or ».

L'île de Porquerolles★★

La plus occidentale et la plus grande (7,5 km de long sur 2 km de large). Sur la rive N., pins, bruyères et myrtes bordent de belles plages de sable. La côte S. est plus abrupte, tandis que l'intérieur est couvert d'une merveilleuse forêt de pins, où il fait bon se promener en découvrant de radieuses échappées sur la mer. ▶ Le **village**, car il y en a un, est à la mesure de sa rade minuscule où les bateaux accostent. Au-dessus, le **fort Sainte-Agathe** (XVIe s.). Le **phare**★ *(2,7 km S.)*, le **sémaphore**★ *(3 km E.)* et le **Grand Langoustier**★ *(5,5 km O.)* constituent de délicieux buts de promenade.

L'île de Port-Cros★★

Tout aussi paradisiaque que sa voisine, Port-Cros prend des allures de petite montagne (207 m d'alt. !). Pins d'Alep, eucalyptus, lentisques, arbousiers, myrthes et bruyères, mêlent leurs parfums et leurs couleurs sur fond de symphonie marine. Et quelle joie d'apercevoir un merle bleu ou un faucon pèlerin. C'est tellement beau que l'État en a fait un parc national où flore et faune sont protégées. ▶ Le pourtour de la baie, le port creux qui a donné son nom à l'île, accueille quelques maisons colorées et un vieux fort. ▶ La plupart des promenades sont balisées : **plage de la Palu**★ *(1 h 30 A.R.)*, par le sentier botanique ; le **vallon de la Solitude**★ *(1 h 20 A.R.)*; **Port-Man**★ *(3 h 40)*, etc.

L'île du Levant

C'est une étroite arête rocheuse (8 km sur 1,2 km), très peu boisée, où cohabitent les naturistes d'Héliopolis et la Marine nationale. □

▶ Adresses pratiques

PORQUEROLLES, ☒ 83400 Hyères.

☎ 94.58.21.81, vers presqu'île de Giens, t.l. demi-heures e.s., 5 serv. quotidiens h.s. ; ☎ 94.92.96.82, vers Toulon ; ☎ 94.57.44.07, vers Hyères, 6 serv. quotidiens en saison ; ☎ 94.64.08.04, vers Cavalaire, 3 serv. par sem. en saison ; ☎ 94.71.01.02, vers Le Lavandou.

Hôtels :

● ★★★ *Mas du Langoustier*, ☎ 94.58.30.09, 48 ch. pens. oblig. (e.s.), f. 25 sept.-8 mai. **Remarquable situation**, 560-760 pension. Rest. ◆◆ **Spéc. : feuilleté de loup, bavarois de truite saumonée**, 180-300.

★★ *Relais de la Poste* (L.F.), ☎ 94.58.30.26, 30 ch. f. oct.-mars. **Accueil sympathique**, 280.

★★ *Sainte-Anne*, ☎ 94.58.32.92/94.58.30.04, 15 ch. pens. oblig., f. 11 nov.-20 déc., 600 pension. Rest. ◆ 100-150.

Restaurant :

◆◆ *L'Orée du Bois*, rue du Phare, ☎ 94.58.30.57, Visa f. déc.-fév., 100-115.

PORT-CROS, ☒ 83400 Hyères.

☎ 94.71.01.02, vers Le Lavandou, nombreux serv. quotidiens (e.s.), 4 serv. hebdo. (h.s.) ; ☎ 94.64.08.04, vers Cavalaire, 1 serv. quotidien (e.s.) ; ☎ 94.57.44.07, vers Hyères, 1 serv. quotidien (e.s.), 4 serv. hebdo. (h.s.).

Hôtel :

● ★★★ *Manoir*, ☎ 94.05.90.52, 24 ch. 1/2 pens. oblig. (e.s.), f. 15 oct.-Pâques. Rés. longt. à l'avance, 580 (h.s.) - 680 (e.s.).

LAMBESC

Aix 21, Apt 38, Paris 732 km
5353 habitants ⊠ 13410

Restaurant :

♦♦♦ *Moulin de Tante Yvonne,* rue Benjamin-Raspail, ☎ 42.28.02.46, f. lun., mar., dim. soir, 15 juil.-31 août. Réserver. Ancien moulin à huile du XVe s. Cuisine du terroir, 220-360.

Nos bonnes adresses :

Gîte rural : à Rognes, 7 km E. par D 15, *Barbebelle,* ☎ 42.50.22.12. Dans un petit château du XVIIIe s.

▷ Aux environs

MALLEMORT, ⊠ 13370, 15 km N.-O. par par N7-D16.

Hôtel :

★★★★ *Moulin de Vernègues,* à 9 km sortie autoroute Senas sur RN 7, dir. Aix-en-Provence, ☎ 90.59.12.00, Tx 401645, AE DC Euro Visa, 35 ch. Ⓟ Un superbe parc entoure cette ancienne meunerie. Chasse de 500 ha, 580-900. Rest. ♦♦♦ Table gastronomique, 250-300 ; enf : 80.

LE LAVANDOU

Toulon 41, Sainte-Maxime 42, Paris 880 km
4275 habitants ⊠ 83980

La lavande embaume toujours la campagne environnante, mais les lavandières des bords du Bataillier ont disparu. Du joli boulevard-promenade qui longe la plage, le regard accroche l'île du Levant et Port-Cros. Petit musée archéologique.

▸ A 2 km N.-O., **Bormes-les-Mimosas**★ s'étage en amphithéâtre à l'entrée de la forêt du Dom. Le site est délicieux et il fait bon flâner dans les rues pittoresques du vieux bourg. En toile de fond, la masse sombre du **massif des Maures** (→) (→ Iles d'Hyères). □

▸ Adresses pratiques

Le LAVANDOU

ⓘ quai G.-Péri, ☎ 94.71.00.61.
Les Iles d'Or, ☎ 94.71.01.02, vers Port-Cros et l'île du Levant, services quotidiens en été et trois fois par semaine en hiver.

Hôtels :

★★★ *Belle-Vue* (R.S.), Saint-Clair, ☎ 94.71.01.06, Tx 400555, AE Euro Visa, 19 ch. Ⓟ pens. oblig., f. nov.-mars, 250-500. Rest. ♦ 150-180.

★★ *Beau Rivage,* bd du Front-de-Mer, ☎ 94.71.11.09, DC Visa, 29 ch. Ⓟ f. 15 oct.-18 mars, 270.

★★ *L'Escapade,* 1, chem. du Vannier, ☎ 94.71.11.52, 16 ch. 🅿 ♣ ✂ 1/2 pens. oblig. (e.s.), f. 10 janv.-10 fév., 15 nov.-15 déc., 300. Rest. ♦ ♪ 110.

★★ *Le petit Bohême,* 5, av. F.-Roosevelt, ☎ 94.74.10.30. 19 ch. ⚟ ♣ 🅿 f. oct. à mai, 180-280. Rest. 110-150.

Restaurant :

● ♦♦ *Au Vieux-Port,* quai Gabriel Péri, ☎ 94.71.00.21, AE DC Visa ⚟ f. mar., dim. soir (h.s.), 15 janv.-15 mars. Excellents poissons. Spéc. : filets de rouget, moules fourrées coulis de homard, 250-350.

⛺ ★★★★*Les Mimosas* (185 pl.), ☎ 94.05.82.94 ; ★★★*Pramousquier* (180 pl.), ☎ 94.05.83.95.

▷ Aux environs

BORMES-LES-MIMOSAS, ✉ 83230, 5 km N.-O.

ℹ rue J.-Aicard, ☎ 94.71.15.17.

Hôtels :

● ★★★ *Safari,* rte du Stade, ☎ 94.71.09.83, Tx 404603, AE DC Euro Visa, 33 ch. 🅿 ⚟ ♣ ⛱ ✂ 🏊 🎾 f. 16 oct.-1er avr., 320-400. Rest. Grill ♦ f. midi sf w.e., 120.

★★★ *Le Palma,* Le Pré-aux-Bœufs, ☎ 94.71.17.86, Tx 400555, AE DC Euro Visa, 20 ch. 🅿 ⚟ ♣ ♪ 360 (petit déj. compris).

Restaurant :

●♦♦ *La Tonnelle des Délices,* pl. Gambetta, ☎ 94.71.34.84 ⚟ f. midi sf week-end et avr., 30 sept.-1er avr. Réservation obligatoire. Pour les amoureux de très bonne cuisine provençale, les frères Gedda vous en donnent plus. Crabes farcis aux crustacés, pavé de lapereau à la mousse de cèpes. Menus intéressants, 140-200.

⛺ ★★★★*Domaine la Favière* (1200 pl.), ☎ 94.71.03.12 ; ★★★*Manjastre* (120 pl.), ☎ 94.71.03.28 ; ★★*Le Grand Batailler* (116 pl.), ☎ 94.71.08.41 ; ★★*nombreux terrains.*

Nos bonnes adresses :

Casino : rue Carnot, ☎ 94.71.15.28.
Marché : *aux puces,* 1er sam. de chaque mois. En été, 1er et 3e sam. du mois.

CABASSON, ✉ 83980 Le Lavandou, 8 km S.

Hôtel :

★★★ *Les Palmiers,* ☎ 94.64.81.94, AE DC Euro Visa, 23 ch. 🅿 ♣ ⛱ pens. oblig., 400-700. Rest. ♦♦ ♪ ♿ 120-200.

LE LUBÉRON★★★

Itinéraire dans le Lubéron *(74 km de Cavaillon à Céreste ; une journée ; voir schéma 2)*
Couché de tout son long entre Durance et Calavon, le Lubéron semble vouloir barrer la route à quelque intrus, comme si, en cet endroit, la Provence faisait le gros dos. Henri Bosco a chanté la puissance de cette montagne des sortilèges au pied de laquelle Camus dort pour le reste des siècles. Sinuant dans la garri-

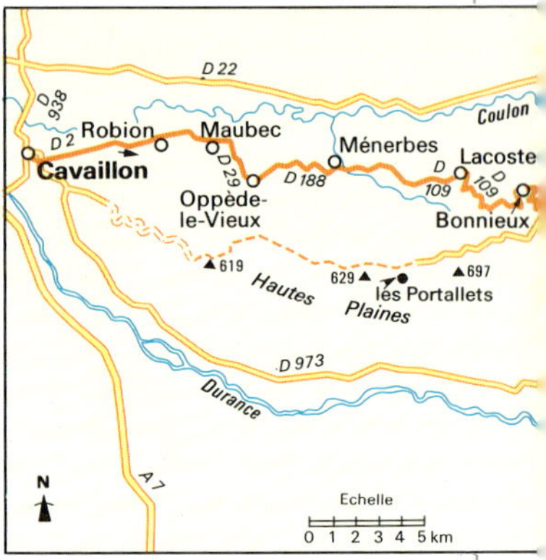

gue, mille sentiers contournent bouquets de buis ou d'aubépine, d'hysope, de romarin ou de laurier-rose. Car le Lubéron, secret mais non farouche, ne se découvre bien qu'à pied. D'escarpements en combes sauvages, on chemine dans la chaleur immobile d'une lumière grecque, découvrant des cuvettes cachées où l'on se prend à rêver de se faire un nid. Accrochés au flanc N. de la montagne, les vieux villages perchés, longtemps à l'abandon, reprennent vie, surtout durant l'été, grâce à la venue d'artistes, d'artisans et de tous les « néo-Lubéronais ». Bâtis au milieu de riches terroirs, les bourgs du versant méridional n'avaient pas connu la même désaffection et conservent dans l'ensemble une apparence et une activité plus authentiques. Le Lubéron est un des lieux de Provence où faune et flore trouvent le mieux leur équilibre naturel. C'est pour le conserver qu'a été créé le parc naturel régional.

▸ **Cavaillon** (→). ▸ **Robion.** ▸ **Maubec,** un de ces villages descendus dans la plaine au XVIIIe s. ▸ **Oppède-le-Vieux**★ : ses ruines mélancoliques ont perdu leur caractère fantomatique et ce silence hautain de naguère grâce à une véritable colonisation par les artistes et les écrivains. D'Oppède-le-Vieux à Mérindol, traversée S.-S.-E. du Petit Lubéron *(env. 14 km, 4 h 30, G.R. 6).* ▸ **Ménerbes**★, « allongée sur un socle doré, étrave de navire surgissant de la nuit des temps » ; une petite citadelle couronne un rocher à pic. De Ménerbes à Mérindol, traversée S. du Petit Lubéron *(env. 13 km, 4 h 30).* A 7 km N.-N.-E. de Ménerbes, **Notre-Dame de Lumières,** célèbre pèlerinage provençal ; voir la très intéressante collection d'ex-voto★ dans la chapelle (XVIIe s.) : certains sont de petits chefs-d'œuvre d'art naïf. ▸ **Lacoste,** dominé par les ruines imposantes du château du marquis de Sade, a le charme tranquille des villages per-

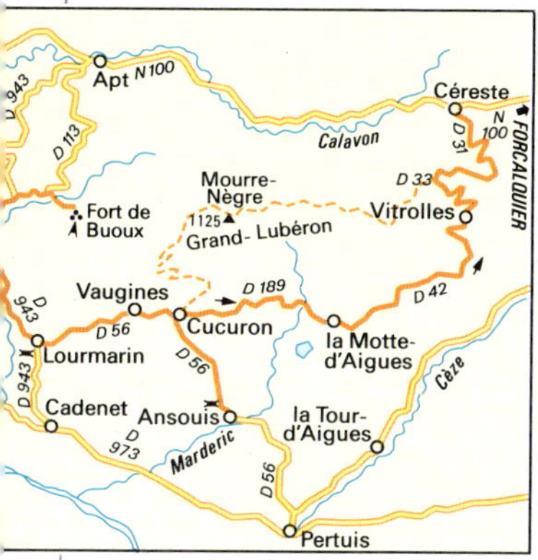

chés du Lubéron. ▸ **Bonnieux★**, « enroulé dans ses remparts, sur une roche où les tourbillons du vent se sont inscrits en cercles ». De la terrasse, voisine de la vieille église, vue★ sur le pays d'Apt. Dans l'église neuve, quatre panneaux★ peints du XVIe s. Musée de la Boulangerie, rue de la République. ▸ Carrefour : à g. *(2 km)*, le svelte clocher roman★ du prieuré de **Saint-Symphorien** émerge d'un bouquet de chênes verts. 1,5 km plus loin, route à dr. vers le **fort de Buoux★** (sentier, *1 h 30 A.-R.*), position stratégique fortifiée dès le XIIIe s. (restes de remparts et de l'ancien village, vue★). ▸ La D 943 s'engage à dr. dans la combe de Lourmarin, seul passage traversant le Lubéron : beau décor de rochers, de chênes verts et de châtaigniers. ▸ **Lourmarin★**, dont le charme paisible a été chanté par les écrivains et les poètes. Un peu à l'écart, sur une petite butte, le château★ comprend un bâtiment du XVe s. et un autre de la Renaissance, d'une belle unité de style. C'est une sorte de villa Médicis de Provence qui accueille chaque année artistes, écrivains et chercheurs *(9 h-11 h 45/14 h 30-17 h 45, 16 h 45 h. saison; f. mar. oct.-avril)*. Les appartements, garnis de vieux meubles provençaux, sont décorés de faïences et de quelques bons tableaux de l'école italienne (XVe-XVIe s.); notez les deux cheminées monumentales★. ▸ **Vaugines,** point de départ de la traversée N. du Lubéron *(env. 18 km jusqu'à Apt, 5 h 15, G.R. 9)*. ▸ **Cucuron,** le Cucugnan de Daudet dans les « Lettres de mon moulin »; vestiges de remparts et du château; église romane et gothique; musée du Lubéron (archéologie et vie rurale; *tél. : (90) 77.25.02*). De Cucuron, une route forestière, interdite aux voitures, monte à la crête *(10 km)* du Grand Lubéron (point culminant, le **Mourre Nègre,** 1 125 m, panorama★★). ▸ A 4,5 km S.-E.

de Cucuron, **Ansouis**★, beau village perché dominé lui-même par les restes d'une forteresse et par un château★ du XVIIe s. *(14 h 30-18 h 30; f. mar.)*. Dans le village, musée extraordinaire, consacré au monde sous-marin *(14 h-18 h ou 19 h, en été)*. ▶ **Cabrières-d'Aigues,** d'où l'on peut faire à pied la traversée N.-N.-O. du Grand Lubéron *(env. 12 km, 4 h, G.R. 92)*. ▶ **La Motte-d'Aigues.** ▶ A 5 km S.-E., **Grambois** (dans l'église, triptyque★ de 1519). ▶ **Vitrolles.** ▶ **Céreste,** « assise au bord de l'Encrème comme une vieille dame dans un jardin potager ». A 3,5 km N.-E., **prieuré de Carluc**★, fondé au début du XIe s. ▶ A 10 km N.-E. de Céreste, **Reillanne,** musée de l'outillage rural ancien. □

Adresses pratiques

BONNIEUX, ⊠ 84480, 12 km S.-O. d'Apt.

🛈 mairie, ☎ 90.75.80.06 (e.s.).

Hôtels :

● ★★★ *L'Aiguebrun,* domaine du château de la Tour, 5 km S.-E. par D 36 et D 943, ☎ 90.74.04.14/90.74.04.74, 8 ch. 🅿 ⚘ 𝍖 ⛱ f. 15 nov.-15 mars, 320-350. Rest. ◆◆ ⚘ ♪ f. lun. midi. **Une belle propriété au milieu de grands arbres. Spéc. : figues fraîches à la crème de fenouil,** 180-220.

● ★★★ *Prieuré* (C.H.), ☎ 90.75.80.78, 10 ch. 🅿 ⚘ 𝍖 ⛱ f. 5 nov.-14 fév., 280-380. Rest. ◆◆ f. mar. et mercr. midi; jeu. midi (1er juil. au 30 sept.), 5 nov.-14 fév. **Cadre agréable. Ancien couvent du XVIIe s. Bonne table,** 150-200.

⛺ ★*Vallon* (50 pl.), ☎ 90.75.86.14.

CUCURON, ⊠ 84160 Cadenet, 26 km S.-E. d'Apt.

Hôtel :

★★ *L'Étang,* (L.F.), pl. de l'Étang, ☎ 90.77.21.25, Euro, Visa, 8 ch. 🅿 ⚘ ♪ f. mercr. en hiver, 20 déc.-10 janv., 150. Rest. ◆ ⚘ 𝍖 ♪ **Spéc. : escargots au basilic, feuilleté de saumon chaud, pieds paquets marseillais,** 110-130.

MENERBES, ⊠ 84560, 8 km E. de Bonnieux.

Hôtel :

● ★★★★ *Le Roy Soleil,* (C.H., R.S.), rte des Beaumettes, ☎ 90.72.25.61, 14 ch. 🅿 ⚘ 𝍖 ⛱ ♿ ⛟ ⛳ 1/2 pens. oblig., f. 15 nov.-15 mars, 290-580; 1/2 pension 680-980. Rest. ◆◆ ⚘ ♿ ⚘ f. mar. midi. **Spéc. : magret de canard aux figues fraîches, filet de bœuf sauce foie gras, feuilleté de crabes,** 150-200.

LE LUC

Draguignan 28, Toulon 53, Paris 841 km
6068 habitants ⊠ 83340

🛈 pl. de Verdun, ☎ 94.60.74.51 (e.s.); mairie, ☎ 94.60.88.21.

Hôtels :

★★ *Parc,* 12, rue J.-Jaurès, ☎ 94.60.70.01, AE DC Euro

Visa, 12 ch. Ⓟ f. lun. soir et mar., 27 avr.-7 mai, 16 nov.-16 déc., 300-350. Rest. ♦♦ Spéc. : **brouillade aux truffes, carré d'agneau**, 135-260.

★ *Mas du Four* (L.F.), Cannet-des-Maures, quartier de la Grande-Bastide, 2,5 km N 7, ☎ 94.60.74.64, 10 ch. Ⓟ f. dim. soir et lun. (h.s.), 15 janv.-15 fév., 180. Rest. ♦ 75-120.

Ⓧ ★★★*Le Provençal* (35 pl.), ☎ 94.60.80.50.

Nos bonnes adresses :
Marché : t.l. vend.

LA MONTAGNE DE LURE★

Prolongement naturel du Ventoux, la montagne de Lure forme une arête régulière, longue d'une trentaine de kilomètres, qui finit presque à pic sur la vallée de la Durance. Avec ses champs de lavande parsemés d'amandiers, ses bois de chênes et de sapins, ses horizons immenses, elle donne une impression de paix profonde qui, malgré le soleil éclatant, confine parfois à la mélancolie. Malgré aussi ces « villages à la saveur gallo-romaine frottée de couleur sarrasine », ces petites maisons roses à toit plat, avec leur rez-de-chaussée surélevé où l'on monte par un perron couvert d'une loggia. Point culminant de la montagne, le **signal de Lure** (1 826 m, *15 mn à pied à partir de la D53/D113, à 33 km S.-O. de Sisteron* →), révèle un panorama qui, par temps clair, atteint un rayon de 150 km (→ les gorges de la Nesque, Carpentras, Sisteron, Vaison la Romaine).□

MANOSQUE★

Aix 53, Digne 58, Paris 772 km
19123 habitants ✉ 04100

« Tous les jours à la tombée de la nuit, les troupeaux rentraient des collines, buvaient aux grandes fontaines devant les portes de la ville, entraient dans les rues où les épiciers s'empressaient de garer les étalages de légumes verts. Depuis, ces petites villes se sont crues plus grandes villes qu'elles n'étaient. Elles se sont laissé dire qu'il n'y a pas de troupeaux dans les rues de Paris. » La Manosque de Giono (qui y est né en 1895) a bien changé : stimulée par la proximité de Cadarache, elle est devenue la première ville du département. Par bonheur, il y a toujours le bruissement paisible des fontaines au coin des rues et des placettes, de beaux hôtels Renaissance (bel escalier dans la mairie), le ciel et les collines et ce marché hebdomadaire qui ressemble un peu à une fête de famille à l'échelle d'un canton.

▶ La **porte Saunerie★** (XIVe s.) surveille toujours l'entrée de la Rue-Grande. ▶ Un coup d'œil au campanile★ en fer forgé (1725) de l'**église Saint-Sauveur**, avant d'aller voir le portail★ Renaissance de **Notre-Dame de Romigier** et sa Vierge à l'Enfant★ en bois noir du XIIe s. ▶ Deux buts agréables de promenade : le **mont d'Or** *(1,5 km N.-E. du centre)* et la **colline de Toutes-Aures** ou de Saint-Pancrace *(2 km S.-O. du centre)*; panorama garanti dans les deux cas.

▷ Aux environs

▶ Le **plateau de Valensole,** à l'E., de l'autre côté de la Durance, déroule ses vastes horizons de céréales et de lavandes sur lesquels plane encore le souvenir de Giono. Au hasard de la promenade, c'est l'ombre fraîche d'une place avec sa fontaine, une vieille porte fortifiée, un café, un regard sous une casquette : les villages du plateau ont une personnalité et un charme authentiques, sans ostentation : **Valensole** *(21 km E. de Manosque),* **Riez** *(35 km E.)* où l'on admire un baptistère★ qui remonte à la fin du IVe s. Au **musée « Nature en Provence »**, un échassier fossile★, vieux de 35 millions d'années, vous accueille *(1er juil.-15 sept., 10 h-12 h/14 h 30-18 h 30; 16 sept.-30 juin, t.l.j. sf mar. et mercr.).* ▶ D'autres villages encore : **Allemagne-en-Provence, Saint-Martin-de-Brômes, Esparron-du-Verdon et son lac.** ▶ **Gréoux-les-Bains** soulageait déjà les blessures des légionnaires romains. Elle continue à répandre ses bienfaits; le village est pimpant, le site verdoyant et il y a du soleil. ▶ Au S. *(16 km),* le **Centre d'Études nucléaires de Cadarache** *(pas de visite).* (→ Le Lubéron, Apt, Forcalquier). □

▶ Adresses pratiques

MANOSQUE

i ☎ 92.72.16.00.
SNCF ☎ 92.72.00.60/92.72.08.04.
Loc. de voitures : *Avis,* 17, av. J.-Giono, ☎ 92.72.18.18.

Hôtels :

★★★ *La Rose de Provence,* rte de Sisteron, ☎ 92.87.56.28 et 92.72.02.69 f. déb. janv.-déb. fév., AE Euro Visa, 16 ch. P 250-265. Rest. ♦ ♿ 130-200.

★★★ *Quintrands,* rte de Volx, ☎ 92.72.08.86, AE DC Euro Visa, 20 ch. P ♿ 130-160.

Restaurant :

♦ *Dadang,* ☎ 92.72.02.69, f. janv.-déb. fév. Cuisine indonésienne, 90-135.

⛺ ★★★*Municipal* (110 pl.), ☎ 92.72.28.08.

▷ Aux environs

La FUSTE, ✉ 04210 Valensole, 7 km E. par D907, D4.

Hôtel :

★★★★ *Hostellerie de la Fuste* (R.S.), ☎ 92.72.05.95, AE DC Euro Visa, 10 ch. 🅿 ⚘ ⚘ ⚘ 1/2 pens. oblig., f. dim. soir et lun. (h.s.) sf fériés, 6 janv.-20 fév., 300-1 000. Rest. ●♦♦♦ ⚘ ♪ Au coeur de la Durance, une belle terrasse sous les platanes. Daniel Jourdan joue avec les subtilités de la Provence : salade de truites marinées à l'huile d'olive, gratin de fraise de veau, 180-250.

GREOUX-LES-BAINS, ✉ 04800, 13 km S.-E.

⚘ (1er fév.-23 déc.), ☎ 92.74.22.22.

ℹ10, pl. de l'Hôtel-de-Ville, ☎ 92.78.01.08.

Hôtels :

★★★ *La Crémaillère,* rte de Riez, ☎ 92.74.22.29, 54 ch. 🅿 ⚘ ⚘ ⚘ f. 15 déc.-15 fév., 260. Rest. ♦♦ ♪ ⚘ 120-220.

★★★ *Lou San Peyre,* rte de Riez, ☎ 92.78.01.14, AE DC Euro Visa, 47 ch. 🅿 ⚘ ⚘ ⚘ ♪ ♿ ⚘ ⚘ f. 25 nov.-1er mars, 260. Rest. ♦♦ ⚘ ♪ ♿ ⚘ 85-145.

★★★ *Villa Borghese,* (Best Western) [R.S., Mapotel], av. des Thermes, ☎ 92.78.00.91, Tx 401513, AE DC Euro Visa, 70 ch. 🅿 ⚘ ⚘ ⚘ ♪ ⚘ ⚘ 1/2 pens. oblig. (e.s.), f. déc.-fév., 300-460. Rest. ♦♦ ♪ ♿ ⚘ 140-220.

⛺ ★★★*Les Cygnes* (180 pl.), ☎ 92.78.08.08; ★★*La Pinède* (76 pl.), ☎ 92.78.05.47; ★★*Municipal* (66 pl.), ☎ 92.78.00.62.

Nos bonnes adresses :

Ferme-auberge : *la Burlière,* rte de Vinon, ☎ 92.78.00.41.
♥ exposition d'art artisanal : dans le hall des Thermes, santons, mosaïques, etc...

VALENSOLE, ✉ 04210, 10 km E.

Hôtel :

★★ *Piès,* rte de Riez, ☎ 92.74.83.13, Euro Visa, 16 ch. 🅿 ⚘ ⚘ ⚘ ♿ f. mercr. en hiver, 15 janv.-15 fév., mercr. en hiver, 200. Rest. ♦ 🅿 ♿ 70-125; enf : 45.

VILLENEUVE-DE-HAUTE-PROVENCE,

✉ 04130, 10 km N. par N96.

Hôtel :

★★ *Mas Saint-Yves,* rte de Volx, ☎ 92.78.42.51, 13 ch. 🅿 ⚘ f. 20 déc.-10 janv., 200. Rest. ♦♦ Une agréable étape pour dîner, 65-130.

MARSEILLE★★

Nice 188, Lyon 315, Paris 778 km
878689 habitants ✉ 13000

Il aura donc fallu près de vingt-six siècles pour que Marseille, cité grecque née sur un coin du littoral de la Méditerranée, commence à devenir une ville provençale. Tout au long de son histoire, la cité phocéenne apparaît comme

Marseille, le Vieux-Port.

une sorte d'îlot au destin autonome qui importait les produits de contrées lointaines et les transformait pour l'exportation. Ainsi Marseille s'est-elle hissée au premier rang des ports français (le plus important aussi de la Méditerranée). Depuis que la fin de l'ère coloniale a imposé une nouvelle organisation des relations marchandes, elle s'est reconvertie (importation de produits pétroliers, construction de Fos, l'Europort du Sud) et manifeste son intérêt pour la zone continentale. D'autre part, la stature ou la célébrité des hommes qui l'ont faite comme le retentissement des affaires qui l'agitent, donnent à la seconde ville de France une image de marque qui déborde largement du cadre régional.

▸ **La Canebière** (C-D2) est l'artère la plus connue ▸ La **Bourse** (C2) la plus ancienne Chambre de Commerce de France, fondée en 1599 sous Henri IV accueille le **musée de la**

Marine★, où l'on découvre l'histoire de Marseille à travers sa vie maritime (remarquables maquettes★ de navires; *t.l.j., sf mar. 10 h-12 h/14 h 30-18 h; visite commentée le mer. à 15 h*). En arrière, le **musée d'histoire de Marseille**★★ s'intègre au centre commercial de la Bourse : 2 000 ans d'histoire dont témoignent le jardin des vestiges (remparts grecs et quais romains de la ville antique), le musée couvert qui évoque magnifiquement la vie quotidienne des Marseillais d'autrefois, une bibliothèque et une salle d'expositions temporaires *(12 h-19 h; f. dim. et lun.)*. ▸ Le **Vieux-Port**★ (B-C2). Le port des Phocéens est aujourd'hui envahi par les bateaux de plaisance. Pagnol aurait sans doute du mal à reconnaître le cadre où évoluaient les héros de sa célèbre trilogie. Pourtant, près du **quai de Rive-Neuve** (B2-3), quelques bistrots, au milieu de restaurants à bouillabaisse plus tape-à-l'œil,

Palais de Longchamp, Musée Grobet Labadie
ARLES, AIX-EN-PROVENCE, A 7
L'ESTAQUE, N 568
Château d'If
A
B
C
D
1
2
Echelle
0
100
200 m
Bassin de
la Grande Joliette
Gare St-Charles
Sq. de Narvik
Boulevard
R. Marcel Sembat
Bd de la Liberté
Boul. d'Athènes
Boul. Dugommier
Bd Garibaldi
Allées L. Gambetta
SQ. DE VERDUN
SQ. STALINGRAD
Bd de la Libération
Canebière
R. A. Thiers
Curiol
R. S. de Meilhan
Chlle des Bernardines
Musée des Transports
Mission de France
Rue Nationale
Longue des Capucins
Cours Belsunce
Rue d'Aix
Porte d'Aix
PL. JULES GUESDE
Halle Puget
Anc. Hôtel de Mazargues
Colbert
Musée d'Hist. de Marseille
Jardin des Vestiges
C. de Comm. Internat.
R. H. Barbusse
Bourse
Musée de la Marine
St-Ferréol
Q. des Belges
Rue de la République
Grand' Rue
R. Coutellerie
N. D. du Mont Carmel
PL. DES CARMES
PL. S. CARNOT
R. J. Trinquet
Rue des Dames
Rue de Ruffi
Tour des Trinitaires
Chlle des Pénitents Noirs
la Vieille Charité
Hôtel de la Marine
Hôtel-Dieu
Chlle des Pénitents Blancs
Hôtel de Cabre
Palais Daviel
Hôtel de Ville
Maison Diamantée
Musée des Docks Romains
Rue Caisserie
Les Accoules Clocher
la Major
Ancien Evêché
Cath. Ste-Marie Majeure
Av. Robert Schuman
Quai de la Tourette
Quai de la Joliette
Esplanade de la Tourette
Vestiges du Th. Grec
St-Laurent
Quai du Port
Fort St-Jean

VIEUX PORT
Palais du Pharo
Bas-Fort St-Nicolas
Fort d'Entrecasteaux
Théâtre de la Criée
Quai de Rive Neuve
Boul. Charles Livon
Corniche
Rampe St-Maurice
St-Victor
PL. ST-VICTOR
Rue d'Endoume
Boul. de la Corse
Avenue de la Corse
Avenue Pasteur
PL. DU 4 SEPTEMBRE
Av. de la Corse
Rue Charras
R. Decazes
Rue Codaccioni
R. Joel Recher
Rue Sauveur Tobelem
PL. ÉTIENNE
Bd Tellene
Rue Ste-Catherine
Rue Neuve Sainte
R. de la Croix
Rue de la Corderie
PL. DE LA CORDERIE
Jardin Puget
Bd André Aune
R. Fort Notre-Dame
Crs. H. d'Est. d'Orves
Anc. Arsenal des Galères
Rue de la Paix
Rue Fortia
Palais de Justice
PL. MONTYON
Rue Breteuil
Cours Pierre Puget
R. R. de Brignoles
Boul. Notre-Dame
R. Jules Moulet
R. E. Delanglade
A. Thiars
Rue Sainte
R. Lulli
PL. REYER
Opéra
R. Pyvau
St-Saëns
R. François
Rue Paradis
PL. E. PASTRÉ
Bd P. Peytral
Rue Grignan
Musée Cantini
Rue Montgrand
R. Armeny
PL. F. BARET
PL. DE LA PRÉFECTURE
Préfecture
Rue Sylvabette
S. Saint-St-Joseph
Rue Dragon
Synagogue
Rue Torrents
R. Ferréol
R. Davso
R. Moustier
Rue de Rome
PL. DE ROME
R. Paludl
R. Dieudé
R. Lafon
Bd Salvator
A. Rue Chabanon
Rue Bel-Air
Rue Jacques
Rue Edmond Rostand
R. Aldebert
St-Suffren
R. Ste-Victoire
R. d'Italie
Rue de Village
Marengo
Cours Lieutaud
R. Fongate
d'Aubagne
PL. P. CÉZANNE
R. des 3 Frères Barthélémy
R. Fontange
PL. N.-D. DU MONT
N.-D. du Mont
R. des 3 Rois
R. St-Michel
Rue Perrin-Sollier
R. Berlioz
A
B
C
D
3
4
Parc Borely, Parc Chanot ➘ TOULON, D 559, A 50, AUBAGNE, N 8, A 50

nous parlent encore de César et de Marius, alors que le « ferry-boîte » du capitaine Escartefigue a repris du service après quelques années d'absence. ▶ Sur le **quai du Port** (A-B2), la belle façade XVIIe s. de l'**hôtel de ville** porte une copie du blason réalisé par Pierre Puget. A proximité, le **musée des docks romains★** (B2), installé sur l'emplacement même des entrepôts antiques (jarres★, fouilles sous-marines ; *10 h-12 h/14 h-18 h 30 ; f. mar. et mer. mat.*). ▶ Épargnée par les destructions de 1943, la **maison Diamantée★**, précieux vestige de l'architecture civile de la Renaissance à Marseille, abrite le **musée du Vieux-Marseille★** (B2 ; art et traditions populaires, collection de santons★ ; *10 h-12 h/14 h-18 h 30 ; f. mar. et mer. mat.*). ▶ A 200 m l'immense **Hôtel-Dieu** du XVIIIe s. ▶ La petite **église Saint-Laurent** (A2), de pur style roman provençal, domine le bout du quai et le **fort Saint-Jean** (XVIIe s.) qui contrôlait, avec le fort Saint-Nicolas, en face, l'entrée du Vieux-Port. ▶ A côté de l'imposante **cathédrale** romano-byzantine (1893), aux pierres vertes et blanches, l'**ancienne cathédrale★** (A-B1) est une des plus belles productions de l'école romane de Provence ; s'adresser au gardien pour voir la chapelle Saint-Lazare★ et sa décoration de putti, l'autel roman★ (1175) et le bas-relief★ en faïence blanche sur fond bleu de Luca della Robbia. ▶ La chapelle de la **Vieille-Charité★★** (B1) est tout à fait caractéristique du style somptueusement baroque de son auteur, Pierre Puget (XVIIe s.). Une restauration récente fait ressortir la belle couleur rose de la pierre qui anime notamment la coupole★ de la chapelle. La Charité accueille aujourd'hui des expositions *(10 h-12 h/14 h-18 h 30 ; f. mar. et mer. mat.)*. ▶ De l'autre côté du Vieux-Port, la **basilique Saint Victor★★** (A-B3), jadis siège d'une puissante abbaye, conserve les témoignages des premiers temps du christianisme. Extérieurement, le sanctuaire (XIe s., plusieurs fois remanié) a des allures de forteresse. De l'intérieur, de très belles cryptes : grotte, la chapelle Notre-Dame de Confession du Ve s., la petite crypte où aurait été enterré Saint-Victor, les inscriptions chrétiennes★ du début de notre ère, les sarcophages des catacombes *(15 h-18 h)*. ▶ De la Canebière (C-D2), le **cours Belsunce** et la **rue d'Aix** (C1-2) desservent le quartier maghrébin de Marseille : odeurs d'épices, petits commerces entassés comme dans un souk. ▶ Changement de décor : au S. de la Canebière, la **rue Saint-Ferréol** et la rue de Rome (C2) sont les rues « chics » de Marseille.

▶ Le **musée Cantini★** (C3) occupe un bel hôtel particulier de la fin du XVIIe s. Il s'intéresse à divers domaines artistiques : une remarquable galerie de la faïence★ sélectionne près de 600 pièces de la production marseillaise et provençale (XVIIe-XVIIIe s.) ; les salons regroupent des donations diverses (mobilier, arts décoratifs), tandis que les étages sont consacrés à l'art moderne, dont on peut suivre tous les courants : du surréalisme aux tendances actuelles en passant par l'abstraction lyrique et optique (Messagier, Hartung ; le Satellite★ par Vieira da Silva, 1955), la figuration de Germaine Richier, Pignon et Adami, le néo-réalisme et la figuration narrative (César, Niki de Saint-Phalle, Télémaque, Monory, etc. ; *10 h-12 h/14 h-18 h 30 ; f. mar. et mer. mat.*). ▶ Le **musée des Beaux-Arts★★** (Hors plan : D1) est installé dans l'imposant palais Longchamp (1870). Ses collections de peinture couvrent toutes les époques du XVe au XXe s. On retiendra surtout les œuvres★★ de deux artistes marseillais : Pierre Puget (né en 1620) et Honoré Daumier (né en 1808), longtemps connu pour ses caricatures et ses portraits-charges et dont l'œuvre peinte fut découverte après sa mort. A noter, dans la galerie de l'école provençale, un ensemble de 16 toiles d'Adolphe Monticelli (1824-1886). Dans les autres salles, on relève des œuvres du Pérugin, Annibal Carrache, Rubens (l'Adoration des bergers★), Franz Pourbus (Philippe d'Orange★), Ruisdaël (Paysage★), Watteau, Tiepolo, David, Ingres, Corot, Courbet (Portrait de M. Grangier★), Dufy, Vuillard et une belle donation d'art africain ancien. **Et aussi...** ▶ Le **Museum d'histoire naturelle,** aquarium d'espèces locales et tropicales, dans l'aile dr. du palais Longchamp *(mêmes horaires)*; derrière, le **parc zoologique.** ▶ Le **musée Grobet-Labadie★** (Hors plan : D1) : les collections d'un amoureux de l'art (Louis Grobet) dans le cadre bourgeois de l'hôtel du XIXe s. où elles furent réunies (mobilier, tapisseries, peinture, instruments de musique★ anciens, autographes de Beethoven et de Paganini ; *10 h-12 h/14 h-18 h 30 ; f. mar. et mer. mat.*). Une galerie dans la gare de l'Est (à côté de la Canebière), ou marché des capucins, retrace l'histoire des transports. ▶ La **corniche J.-F.-Kennedy★** (par A3) qui suit toutes les découpures du rivage sur plus de 5 km (vues★ sur la rade et les îles). ▶ L'**avenue du Prado** *(à g. au bout de la corniche),* belle artère bordée d'arbres. A son entrée (à dr.) s'étend le **parc Borély,** dont le château abrite le **musée archéologique★.** Parterres et pelouses, bassins et fontaines : le cadre est superbe et les antiquités égyptiennes★ (2e coll. de France après le Louvre) du musée, magnifiques (voir aussi les statuettes★ et céramiques de Suse, l'aiguière mycénienne★ ; la donation Feuillet de Borsat : essentiellement des dessins de l'école française du XVIIIe s. ; le musée lapidaire dans les communs du château ; *9 h 30-12 h 15/13 h-17 h 30 ; f. mar. et mer. mat.*). ▶ Au rond-point du Prado, le boulevard Michelet, à dr., conduirait (1 200 m) à la **Cité Radieuse★**, dite la « maison du fada », de Le Corbusier, « unité d'habitation » (1947-1952) où se manifeste l'essentiel des principes de l'architecte. ▶ **Notre-Dame de la Garde** (Hors plan : B4), basilique romano-byzantine (1864) dont la Vierge dorée, la Bonne Mère, veille sur les Marseillais (vue★★ saisissante sur le Vieux-Port ; ex-voto★ populaires). ▶ Le **port★** : accès aux terrasses depuis la place de l'Esplanade *(A-B1 ; dim. et j. fériés la jetée du large est accessible au public).* ▶ Le **château d'If★** *(départ des bateaux quai des Belges, B-C2 ; 1 h 30 A.-R. env.).* Rendu célèbre par le comte de Monte-Cristo d'Alexandre Dumas, le château d'If est un fort construit par François Ier en 1524, utilisé plus tard comme prison d'État. Le gardien montre les cachots légendaires de l'abbé Faria et d'Edmond Dantès... ▶ Sur une autre île de l'**archipel du Frioul** qui fut lazaret et lieu de quarantaine, l'ancien **hôpital Caroline** forme un bel ensemble architectural du début du XIXe s.

▷ Aux environs

▶ Par l'av. Mazargues et le chemin du Roi on atteint les sentiers des célèbres calanques de **Sormiou, Morgiou** et **Sugiton.**

▶ L'Estaque au Nord, l'Étoile au N.-E., la Marseilleveyre et le Puget au S. de la ville : les chaînons calcaires qui limitent la cuvette où se développe la ville donnent au pays de Marseille toute son originalité. Garrigue à chênes verts et pins d'Alep mettent quelques tâches sombres sur la roche nue et blanche. ▶ **L'Estaque** abrite (un peu) du mistral quelques petites stations balnéaires où les Marseillais aiment bien venir passer le week-end : **Carry-le-Rouet,** encore pleine de charme... malgré sa tour (une rue Don-Camillo y honore la mémoire de Fernandel qui avait ici sa villa) ; 4 km plus à l'O., c'est **Sausset-les-Pins,** ancien port de pêche reconverti dans le week-end balnéaire. ▶ **Château-Gombert** *(9 km N.-E. de Marseille)* est perché sur les premières pentes de la **chaîne de l'Étoile.** Son musée des arts et traditions populaires du terroir marseillais nous parle de la vie d'autrefois *(15 h-19 h été, 14 h-18 h hiver, les lun., sam. et dim. ; le mer. visite commentée à 15 h, sf vacances scolaires).* Dans l'église (XVIIIe s.), Résurrection de Lazare★, par Finsonius. A 2,5 km N.-O., les **grottes Loubière** *(visite payante, 45 mn).* ▶ **Allauch** *(13 km*

Notre-Dame-de-la-Garde dresse vers le ciel son campanile surmonté d'une statue dorée de la Vierge.

N.-E.) n'échappe pas non plus à l'attraction marseillaise ; le bourg ancien est assis sur une petite terrasse au flanc du Garlaban. Église des XVIe-XVIIe s. ; musée du vieil Allauch *(14 h 30-18 h mer. et sam. ; 10 h-12 h/14 h 30-18 h dim.)* ; sur l'esplanade Frédéric-Mistral, quatre moulins à vent du XVIIe s. (expositions temporaires). ▸ **Aubagne** est la patrie de Marcel Pagnol ; quartier général de la Légion étrangère (un petit musée retrace son histoire, *t.l.j. sf lun., 10 h-12 h/15 h-19 h, hiver, mer. sam. et dim., f. à 18 h).* ▸ Le **massif de Marseilleveyre,** au S. de Marseille, est une incomparable école d'escalade, mais grâce à ses sentiers balisés, il est accessible aux simples promeneurs. A 7 km S. par la corniche (par A3), **Callelongue,** au fond d'une étroite calanque. Point de départ du G.R.98b desservant les calanques (→ aussi Cassis) (→ Aix-en-Provence, le Massif de la Sainte-Baume, Cassis, Bandol). □

Adresses pratiques

MARSEILLE

ℹ 4, la Canebière, 13001 (C-D2), ☎ 91.54.91.11.
✈ *Marseille-Provence,* 26 km N.-O., ☎ 42.89.90.10. *Agence Air France,* aéroport de Marignane, ☎ 42.89.25.44 ; 331, av. du Prado (hors plan D4), ☎ 91.71.11.00 ; 14, la Canebière, 13001 (C-D2), ☎ 91.37.38.38.
SNCF St-Charles (D1), ☎ 91.95.10.00/91.08.50.50 /91.08.84.12.
🚌 pl. V.-Hugo, 13003 (hors plan C-D1) ; ☎ 91.08.16.40.
⛴ quai de la Joliette, 13002 (A1), ☎ 91.91.90.66, vers la Corse et l'Afrique du Nord.
Loc. de voitures : *Avis,* 267, bd National, ☎ 91.50.70.11 ; Aéroport Marignane, ☎ 42.89.02.26 ; Gare S.N.C.F. Saint-Charles (D1), ☎ 91.64.71.00.

Hôtels :

★★★★ (L) *Le Vieux Port,* (Sofitel), 36, bd Ch.-Livon, 13007 (A3), ☎ 91.52.90.19, 130 ch. 🅿 ⚟ ⛾ 675. Rest. ● ♦♦ *Les Trois Forts* ⚟ ♪ f. août. Rigoureuse cuisine régionale. Spéc. : filets de rouget aux deux beurres de poivron, râble de lapereau farci aux écrevisses, nouilles fraîches aux herbes, 195-200 ♦ *Le Jardin* Restauration rapide, 130-150.

★★★★ *Beauvau,* (PLM), 4, rue Beauvau, 13001, ☎ 94.54.91.00, Tx 401778, AE DC Euro Visa, 72 ch., 480-630. Rest. ◆ Face au Vieux Port, coup de jeunesse provençal pour ce bâtiment datant du XVIIIe s. Bar 1920 avec pianiste. Restaurantion légère, 500.

★★★★ *Le Petit Nice* (R.C.), anse de Maldormé, corniche J.-F. Kennedy, 13007, ☎ 91.52.14.39, Tx 401565, AE Visa, 18 ch. P f. 2 janv.-8 fév., 670. Rest. ● ◆◆◆◆ *Passédat* f. lun. Papa et Gérard Passedat (J.C.R.C.) se dépensent sans compter pour vous proposer une cuisine créative influencée par le soleil et sa belle région. Pistou glacé aux langoustines grillées, homard vapeur, loup à l'huile vierge, canard au mesclin, 300-500.

★★★★ *Altéa* (Pullman Bourse, ex Frantel), rue Neuve-Saint-Martin, 13001 (C1), ☎ 91.91.91.29, AE DC Euro Visa, 200 ch. 405-470. Rest. ● ◆◆ *L'Oursinade,* f. 2-31 août. Un chef lyonnais au service d'une bonne cuisine provençale épurée : feuilleté de côtes bleues parfumées à l'oursin et pousses d'épinard, paupiettes de loup aux algues et fumet d'huîtres, 160-230.

★★★ *La Résidence Bompard,* 2, rue des Flots-Bleus, 13007 (hors plan A3), ☎ 91.52.10.93, Tx 400430, AE DC, 47 ch. P 235-295.

★★★ *Noaïlles,* (Mapotel), 66, la Canebière, 13001 (D2), ☎ 91.54.91.48, Tx 430609, AE DC Euro Visa, 56 ch. 300-350. Rest. ◆◆◆ En 1937, Charles Trenet y débuta. Aujourd'hui c'est un ancien hôtel modernisé avec un élégant restaurant, 70-250.

★★★ *Palm-Beach,* (Concorde), 2, prom. de la Plage, baie du Prado, 13008 (hors plan B-C4), ☎ 91.76.20.00, AE DC Euro Visa, 161 ch. P 450-500. Rest. ◆◆◆ *La Réserve* Terrasse en bord de mer. Excellents poissons, 130-300 ◆ *Les Voiliers* grill, 100-130.

★★ *Européen,* (Inter-Hôtel), 115, rue Paradis, 13006 (C-D3), ☎ 91.37.77.20, 43 ch., f. août, 150-200.

★★ *Martini,* 5, bd Gustave-Desplaces (hors plan D1), ☎ 91.64.11.17, 40 ch. P 150.

★★ *New Hotel Astoria,* 10, bd Garibaldi, 13001 (D2), ☎ 91.33.33.50, Tx 400430, AE DC Visa, 58 ch. 220-280.

★★ *Ibis,* 6, rue de Cassis, 13008 (hors plan D4). ☎ 91.25.73.73. 118 ch., 250. Rest. 60-90.

★★ *Le Mistral* (L.F.), 31, avenue de la Pointe-Rouge, 13008 (hors plan par A3). Face aux plages. ☎ 91.73.44.69. ch. 140-130. Rest. f. mercr. et 15-30 juin, mi-déc.-début janv. Spécialités provençales et italiennes, 80-150.

★★ *Fimotel,* 23, bd Rabateau, 13008 (hors plan D4), face à la Foire Internationale. ☎ 91.25.66.66, Tx 402672, 90 ch. P 250-270.

Restaurants :

● ◆◆◆ *Aux mets de Provence,* 18, quai Rive-Neuve, 13007 (B2-3), ☎ 91.33.35.38, AE DC f. lun. et dim. Réserver. Un restaurant-musée, véritable institution locale qui est un hommage à la gastronomie provençale, 200-260.

● ◆◆◆ *Jambon de Parme,* 67, rue de la Palud, 13006 (D2-3), ☎ 91.54.37.98, AE DC Euro Visa, f. lun. et dim. soir, 12 juil.-17 août. Spéc. italiennes, poissons selon marché, grillades au feu de bois, 250-300.

● ◆◆ *Calypso,* 3, rue des Catalans, 13007 (A3), ☎ 91.52.64.00, Euro Visa f. dim., 1er-15 fév. Le jumeau du restaurant Michel. Du poisson frais aux prix un peu fous, 300-350.

● ◆◆ *Michel-Aux Catalans,* 6, rue des Catalans, 13007 (A3), ☎ 91.52.64.22, Visa f. mercr., 15-31 déc. Comme au Calypso (même famille) l'art merveilleux d'accommoder les poissons pêchés du matin : bourride et bouillabaisse, coquillages, 260-350.

● ◆◆ *Miramar,* 12, quai du Port, 13002 (B2), ☎ 91.91.10.40, AE DC Euro Visa f. dim., 1er-21 août, 23 déc.-6 janv. Face au vieux port, c'est classique et savoureux. Priorité donnée aux poissons : bouillabaisse, poissons du Golfe à la croûte de sel, tranche de loup aux flans d'orties de mer, crème d'huîtres, 185-250.

● ♦♦ *Chez Caruso,* 158, quai du Port, 13002 (B2), ☎ 91.90.94.04, AE f. lun. et dim. soir, 15 oct.-15 nov. **Folklore marseillais, vue sur le vieux port,** 150-250.

♦♦ *Patalain,* 66, rue Adolphe-Thiers, 13001 (D2), ☎ 91.48.01.69, AE DC Visa f. dim. et à midi sf rés., 14 juil.-4 sept. **Spéc. : foie de canard maison, gibier en saison,** 140-250.

♦♦ *Tire-Bouchon,* 11, cours Julien, 13006 (D2), ☎ 91.42.49.03, Visa f. lun. et dim. **Décor 1900 et solide cuisine bourgeoise,** 150-200.

● ♦ *Chez Angèle,* 50, rue Caisserie, 13002 (B2), ☎ 91.90.63.35, f. lun. et dim. soir, juillet. **Famille, bonne humeur et accent : pizza, pâtes fraîches et osso bucco, pieds paquets,** 70-100.

● ♦ *La Pêcherie,* chem. littoral, 13016, à 8 km N.-O., ☎ 91.46.24.33, DC f. dim. soir. **Le restaurant du nouveau port de pêche avec bien sûr une priorité aux poissons,** 60-300.

● ♦ *Le Chaudron Provençal,* 48, rue Caisserie, 13002 (B2), ☎ 91.91.02.37, AE Visa Ⓟ f. sam. midi et dim. et j. fériés. **Beaucoup de poissons frais à des prix relativement accessibles. Priorité aux vins locaux,** 300.

● ♦ *Chez Fonfon,* 140, vallon des Auffes (corniches), 13007 (hors plan A4), ☎ 91.52.14.38, AE DC Visa f. sam. et dim. , oct. **Un excellent bistrot à poissons. Ils sont frais et présentés grillés sur la braise, ou en bouillabaisse,** 250-300.

♦ *La Folle Epoque,* 10, pl. F.-Barret, 13006 (C3-4), ☎ 91.33.17.26, Euro Visa f. sam. soir et dim. **Toute l'année charcuterie chaude lyonnaise. En hiver, plats de ménage. Décor art nouveau,** 75-150; enf : 59.

♦ *Larrieu,* 64, l'Estaque-Plage, 13016 (hors plan, par B1). ☎ 91.46.09.53, f. dim. soir et lun. **A la vue du port, une grande spécialité de poissons... et l'accueil de la patronne,** 140-260.

Ville « plurielle », Marseille propose aussi, dans des cadres divers, toute la gamme des cuisines d'ailleurs. Entre autres : l'Orient (*Le Bosphore,* 100, quai du Port, f. dim. soir et lun.; *Le Chiraz,* 52, rue Ed. Rostand, f. dim.; *Dar Djerba,* 15, crs Julien, f. mar.), la Russie et l'Europe centrale (*Dimitri,* 6, rue Méolan, f. dim., lun.), l'Italie (nombreuse pizzerias et *« Al Dente »* 40, rue Ed. Rostand, f. dim. midi), l'Asie (*Baguettes d'Or,* 65, rue F. Davso, f. mercr. et sept.), l'Espagne (*Gosebada,* 9, av. de Montolivet, f. dim.), voire l'Amérique (*Texas Fiesta,* 70, crs Julien). Dernier-né et premier de son espèce : *Apsara,* 151, rue Sainte. Restaurant cambodgien, f. dim. midi.

⛺ ★★ *Bonneveine* (200 pl.), ☎ 91.73.26.99; ★★ *Les Vagues* (200 pl.), ☎ 91.73.04.88.

Nos bonnes adresses :

Auberge de jeunesse : Château de Bois-Luzy, 13012, ☎ 91.49.06.18; 47, av. Joseph-Vidal, imp. du Dr-Bonfils, 13008, ☎ 91.73.21.81.

♥ chocolats et calissons : *chocolaterie Puyricard,* 315, corniche Kennedy, 13007, ☎ 91.31.31.32; fabrication artisanale de chocolat : *Maurice Mistre,* 45, cours Estienne-d'Orves, 13001, ☎ 91.33.55.00.

♥♥ *Les Arcenaulx,* 25, crs d'Estienne d'Orves, 13001 (C3). Dans le décor historique de l'Arsenal des Galères, l'attrayante et originale cohabitation d'une librairie – neuf et ancien – et d'un restaurant-salon de thé. « Vaut le détour ».

♥ *Confiserie-pâtisserie Villedieu,* 16, La Canebière. Pour la gourmandise raffinée, trois générations de « Meilleur Ouvrier de France ».

♥ *Le quartier Cours Julien,* rue Crudère (D2). Un chapelet de bistrots et petits restaurants sympathiques, bordant un espace urbain aménagé en jardin; et un vrai village d'antiquaires à découvrir pas à pas. A 200 m de La Canebière.

LES SANTONS DE PROVENCE

En 1789, la Révolution ferme les églises. Les fidèles ne pouvant plus venir admirer les crèches, un artiste de Marseille eut alors l'idée de fabriquer de petits personnages en terre cuite à bon marché. Les «santoùn» (petits saints en provençal) figuraient d'une manière naïve les personnages de la Bible, mais aussi tout un petit monde populaire : bergers, rémouleurs, forgerons, meuniers, le fada du village aussi... Chaque famille pouvait ainsi composer sa crèche selon ses goûts. Le succès fut immense. L'art santonnier connut son plus grand développement sous la Restauration ; c'est pourquoi les santons sont souvent habillés à la mode de cette époque. Aujourd'hui les petites figures peintes sont vendues dans le monde entier et la foire aux santons de Marseille (décembre) connaît un beau succès.

▷ Aux environs

AUBAGNE, ⊠ 13400, 17 km S.-E.

SNCF ☎ 42.03.44.84.
Loc. de voitures : *Avis,* imp. Ruer, ☎ 42.84.36.06.

Hôtel :

★★★ *Manon-des-Sources,* rte d'Eoures, ☎ 42.03.10.31, AE DC Visa, 20 ch. 🅿 ⚘ ♨ ⚓ ▭ ⚲ 250-500. Rest. ♦♦ ⚘ ♪ 250-300 ; enf : 100.

⛺ ★★★ *Claire Fontaine* (66 pl.), ☎ 42.03.02.28.

Nos bonnes adresses :

♥ poterie provençale : av. des Goums, visite des ateliers.

CARRY-LE-ROUET, ⊠ 13620, 27 km O.

☎ 6, bd des Moulins, ☎ 42.45.01.03.
SNCF ☎ 42.45.01.03.

Hôtel :

★★ *La Tuillière,* av. Draïo de la Mer, rte de Sausset, ☎ 42.45.02.96, Euro Visa DC, 21 ch. 🅿 ⚘ ♨ ouvert tte l'année, 194. Rest. ♦ ♪ f. vend. en hiver, 60-120 ; enf : 30.

Restaurant :

● ♦♦♦ *L'Escale,* promenade du port, ☎ 42.45.00.47 ⚘ f. dim. soir et lun. (midi seulement en juillet-août), et 1er nov.-1er mars. **Débauche de fleurs pour une très belle terrasse et une grande salle à manger. Spéc. : rôti de baudroie aux truffes, casserole de poissons. Vins de provence,** 300-400 (menu semaine 220).

⛺ ★★★★ *Caravaning Lou Souleï* (700 pl.), ☎ 42.45.05.12.

SAUSSET-LES-PINS, ⊠ 13960, 4 km O. de Carry-le-Rouet.

Hôtel :

★★ *La Plage,* av. Siméon-Gouin, ☎ 42.45.06.31, AE Visa, 11 ch. ⚘ ♨ ♪ ▭ 1/2 pens. oblig. (e.s.), f. lun., 480. Rest. ♦ ⚘ ♪ 130-250.

Restaurant :

♦♦ *Les Girelles,* rue Frédéric-Mistral, ☎ 42.45.26.16, Visa ⚘ ♨ ♪ f. lun. et janvier. **Terrasse devant la mer. Poissons frais grillés. Menu intéressant,** 160-200 ; enf : 50.

LE MASSIF DES MAURES★★★

Circuit au départ de Saint-Tropez *(126 km, une journée ; voir schéma 3)*

Autant l'Esterel est rouge, autant les Maures apparaissent presque noirs. Compact, renfermé sur lui-même, le massif détache sur un ciel clair ses molles ondulations de schistes cristallins couvertes de forêts. Bizarrement, son nom ne doit rien aux Sarrasins qui en firent leur repaire au XIe s., mais vient du grec amauros (sombre), d'où dérive le mot provençal maouro (bois de pins). Aujourd'hui, le pin maritime, victime d'un parasite, a presque totalement disparu, le châtaignier occupe les pentes humides du N., tandis que sur les versants S., le chêne-liège alimente de petites fabriques de bouchons. Pistes forestières et réserves d'eau en grand nombre sont là pour lutter contre le principal fléau du massif : le feu.

▸ **Saint-Tropez** (→). ▸ **Cogolin,** entre forêt des Maures et vignobles, s'est spécialisé dans la fabrication des pipes (de bruyère) et des tapis (de haute laine) ; *vis. accompagnée de la fabrique, en sem., 98, bd Louis-Blanc.* ▸ **Grimaud★** s'annonce de loin par les ruines de son château féodal (panorama★). C'est un plaisir de flâner au hasard dans les ruelles hautes du village où lauriers-roses et bougainvillées éclatent sur la pierre rude et chaude. ▸ Toujours plus haut, **La Garde-Freinet** détache ses maisons claires au milieu des châtaigniers. Fenêtres sur la riche plaine de l'Argens, fenêtres sur le golfe bleu de Saint-Tropez : deux horizons pour une « position inexpugnable » où, jadis, les Sarrasins avaient élu domicile (ruines de la forteresse, panorama★). ▸ Dans le bourg, prendre à g. la **route des Crêtes★** (D.F.C.I.) qui musarde de maquis en forêt, de corniche en vallon, de vue terrestre en horizon marin. ▸ Le relais de la T.D.F., que l'on aperçoit de loin au-dessus des arbres, cohabite avec le petit **ermitage de Notre-Dame-des-Anges,** d'origine peut-être mérovingienne. Les pèlerins y viennent nombreux, le site★ est délicieux et le panorama digne d'éloges (des Alpes à... la Corse, par temps très, très clair). ▸ La route folâtre dans le vallon des Vaudrèches jusqu'à **Collobrières,** perdu dans l'ombre de cet océan végétal. C'est un village paisible où l'on connaît les bonnes

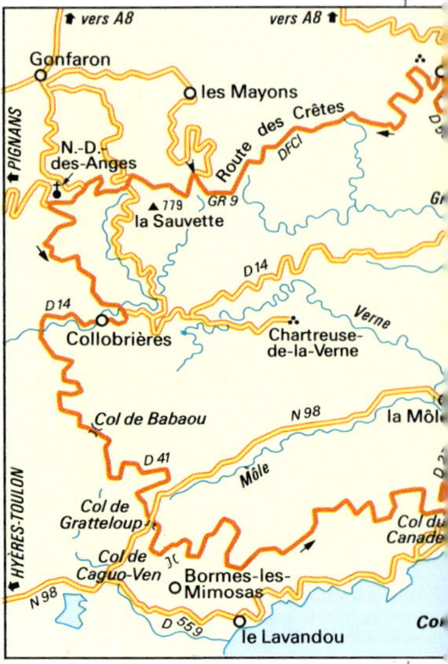

choses : les fruits confits et les marrons glacés, la confiture de châtaigne et un vin chaleureux et franc. On y fabrique des bouchons aussi. A 12 km E. *(route dégradée par endroits),* la **chartreuse de la Verne★** (XIIe-XVIIIe s.) dresse ses ruines de schiste brun et de serpentine verte dans un site★ isolé de châtaigniers et d'eaux vives (anciennes cuisine et boulangerie, cloîtres, restaurant en été). ▸ Passé le **col de Babaou,** la descente sur le **col de Gratteloup** est superbe (vue★ montagne et mer). ▸ Au **col de Caguo-Ven,** prendre à g. la route forestière goudronnée *(pas d'indications)* qui serpente en balcon★ au-dessus du littoral et la mer où se détachent les silhouettes sombres des îles d'Hyères (→). ▸ Au **col du Canadel,** tant que la route forestière n'est pas achevée jusqu'à Cogolin, il faut prendre à g. la D 27 (vers Cogolin et Saint-Tropez) ou à dr. la petite route qui rejoint la corniche du littoral.

La corniche des Maures★ *(26 km du Lavandou à La Croix-Valmer, 1 h, beaucoup plus en été).* ▸ Eucalyptus et mimosas, pinèdes et jardins, soleil et sable fin, planche à voile et ski nautique : des sites enchanteurs et des vues étincelantes sur la mer et les îles (d'Hyères), mais aussi, l'été, la rançon de la gloire touristique. ▸ **Le Lavandou** (→), **Saint-Clair, Aiguebelle, Cavalière** (plage★), **Pramousquier, Canadel-sur-Mer, Le Rayol** (site★), **Cavalaire** (plage★) et **La Croix-Valmer** jalonnent de leurs villas et lotissements cette belle corniche des vacances. □

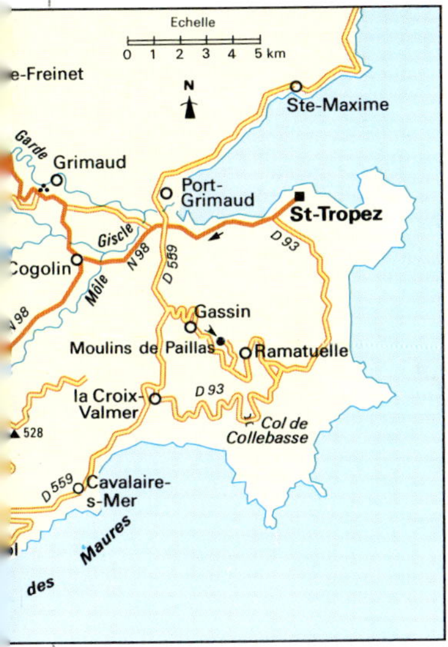

Adresses pratiques

AIGUEBELLE, ✉ 83980 Le Lavandou, 6 km E. du Lavandou.

Hôtels :

● ★★★ *Roches Fleuries,* ☎ 94.71.05.07, Tx 403 997, AE DC Euro Visa, 48 ch., Ⓟ ⚟ 𝍢 ⊡ 1/2 pens. oblig. (e.s.), f. 15 oct.-16 avr., 1 030. Rest. ♦♦ ⚟ 𝍢 115-160.

★★★ *Grand Pavois,* ☎ 94.05.81.38, 28 ch. Ⓟ f. 15 oct.-15 mars, 300. Rest. ♦ ♪ 100-150.

★★ *Plage,* 14, rue des Trois-Dauphins, ☎ 94.05.80.74, 52 ch. Ⓟ ⚟ 𝍢 ⊲ 1/2 pens. oblig. (e.s.), f. 5 oct.-1er avr., 465. Rest. ♦ 200-500.

CAVALAIRE-SUR-MER, ✉ 83240, 14 km S. de Grimaud.

ⓘ sq. de-Lattre-de-Tassigny, ☎ 94.64.08.28.
⛴ ☎ 94.64.08.04, vers Porquerolles, service quotidien pour Port-Cros.

Hôtels :

★★★ *Alizés,* prom. de la Mer, ☎ 94.64.09.32, 18 ch. Ⓟ ⚟ 1/2 pens. oblig. (e.s.), ouv. toute l'année, 250. Rest. ♦ ⚟ ♪ ♿ 100-150 ; enf : 40.

★★★ *La Pergola,* rue du Port, ☎ 94.64.06.86, DC Visa, 27 ch. Ⓟ 𝍢 ⊲ ♪ 🏇 1/2 pens. oblig. (e.s.), f. 4 janv.-5 fév., 5 nov.-24 déc., 620. Rest. ♦ ♪ 145-190 ; enf : 75.

⛺ ★★★★ *Bonporteau* (240 pl.), ☎ 94.64.03.24 ; ★★★★ *La Baie* (480 pl.), ☎ 94.64.08.15 ; ★★★★ *La Pinède* (180 pl.), ☎ 94.64.11.14 ; ★★★ *Cros du Mouton* (160 pl.), ☎ 94.64.10.87.

CAVALIERE, ✉ 83980 Le Lavandou, 8 km E. du Lavandou.

Hôtel :

★★★★(L) *Le Club de Cavalière,* plage de Cavalière, ☎ 94.05.80.14, Tx 420317, AE DC Visa, 32 appartements et bungalows, f. oct. à mi-mai Ⓟ ⚟ 𝍢 ⊲ ♿ ⊡ 🎾 1/2 pens. oblig. (e.s.), f. oct.-avr., 1650. Rest. ♦♦♦ ⚟ ♪ ♿ ✂ f. lun. Club agréable à l'accès libre, où la bonne cuisine d'A. Gigant est au rendez-vous : millefeuille chaud de loup, sabayon verveine, émincé de cigales braisées au blanc de blanc, 200-300.

COGOLIN, ⊠ 83310, 3 km S. de Grimaud.

ⓘ pl. de la République, ☎ 94.56.36.52 ; Marines de Cogolin, ☎ 94.56.03.70.

Hôtel :

★★ *Coq'Hôtel,* pl. de la Mairie, ☎ 94.56.12.66, Visa, 18 ch. Ⓟ f. 1er nov.-2 janv. Rest. ♦ *Coq'Assis* ♪ ♿ f. mercr., 1er nov.-15 déc., 55-90.

Restaurant :

● ♦ *La Ferme du Magnan,* RN 98, ☎ 94.49.57.54 ♪ f. lun. midi, mar., mercr. midi, jeu. midi, vend. midi (e.s.), lun.-vend. (h.s.), 20 janv.-4 mars. Pour vous reposer des fureurs de la Côte, jouez aux fermiers chez les Campanile. La cuisine est saine, les grillades (aux sarments) copieuses et délicieuses : moules, sardines, faux-filet, 120-200.

La CROIX-VALMER, ⊠ 83420, 6 km N.-E. de Cavalaire.

Hôtel :

● ★★★ *Les Moulins de Paillas,* plage de Gigaro, ☎ 94.79.71.11, Tx 697 987, AE DC Visa, 30 ch. Ⓟ ♪ ♿ 1/2 pens. oblig. (e.s.), f. 30 sept.-15 mai, 900. Rest. ♦♦ *La Brigantine.* Excellente cuisine supervisée par R. Guth : aiguillettes de canard en infusion de vin rouge et mousse de navets, médaillons de lotte au beurre de tomate et gâteau de courgettes, 80-180. Rest. ♦ *Pépé Le Pirate.* Grill de plein air, 50-100.

⛺ ★★★★ *Sélection Camping* (240 pl.), ☎ 94.79.61.97.

GRIMAUD, ⊠ 83310, 4 km O. de Saint-Tropez.

ⓘ ☎ 94.43.26.78.

Hôtel :

★★★ *Boulangerie,* rte de Collobrières, à 3 km O. par D 14, ☎ 94.43.23.16, 10 ch. Ⓟ ♪ ♿ 1/2 pens. oblig. (e.s.), f. 1er oct.-1er avr., 795. Rest. ♦♦ ♪ ♿ 120-150.

Restaurants :

● ♦♦♦ *Les Santons,* rte Nationale, ☎ 94.43.21.02, AE DC Visa, f. mercr. midi (h.s.), 1er nov.-15 mars. Claude Girard, ami fidèle de Jean Delaveyne, est un très grand cuisinier, pétri de talent et cela ne date pas d'aujourd'hui. Pour sa compétence et son brio nous sommes heureux de l'accueillir dans notre jury. Sa maison provençale au décor authentique est ravissante (son épouse aussi) et valorise sa délicieuse cuisine pleine de soleil et de saveur : terrine de volaille aux herbes, escalopines de baudroie au beurre de basilic, glace au caramel. Beaux vins, 300-400.

♦ *Café de France,* pl. Neuve, ☎ 94.43.20.05, Visa f. mar., 1er nov.-2 fév., 70-120.

⛺ ★★★★ *La Plage* (450 pl.), ☎ 94.56.31.15 ; ★★★★ *Les Mûres* (700 pl.), ☎ 94.56.16.97 ; ★★★ *7 sites* (2400 pl.) ; à Saint-Pons-les-Mûres, ★★★★ *Automobile Club de France* (246 pl.), ☎ 94.56.30.08.

Nos bonnes adresses :

Ferme-auberge : à Port-Grimaud, la Croix, rte de Grimaud, ☎ 94.43.21.81.

SAINT-CLAIR, ⊠ 83980 Le Lavandou, 3 km E. du Lavandou.

Hôtel :

★★★ *Orangeraie,* plage de St-Clair, RN 559, ☎ 94.71.04.25, AE DC Euro Visa, 20 ch. Ⓟ f. 1er oct.-1er mai, 365.

MOUSTIERS-SAINTE-MARIE★★

Digne 48, Aix 86, Paris 793 km
575 habitants ✉ 04360

Avec son étoile dorée suspendue dans les airs et son berceau rocheux, Moustiers évoque une crèche provençale. Mais, plus qu'à son site★, Moustiers doit son renom à la faïence dont elle perpétue la tradition depuis le XVIIe siècle.

▶ Dans l'ancienne mairie, le **musée historique de la faïence★** possède de superbes spécimens de la production locale *(9 h-12 h/14 h-19 h juin-août; 10 h-12 h/14 h-18 h, le reste de l'année; f. nov.-mars).* ▶ L'**église** se signale par un beau clocher★ roman de type lombard, tandis que la **chapelle Notre-Dame de Beauvoir★** (XIIe-XIVe s.) veille toujours sur le village, à l'aplomb de la célèbre chaîne de l'Étoile dont l'origine demeure mystérieuse (peut-être un ex-voto).

▷ Aux environs

Le **Grand Canyon du Verdon★★★** (→). ▶ Le **lac de Sainte-Croix★** *(5 km S.),* merveilleux miroir du ciel provençal (plans d'eau aménagés); le barrage est la pièce maîtresse de l'aménagement du Verdon. (→ Castellane.)

▶ Adresses pratiques

ℹ ☎ 92.74.67.84.

Hôtel :

★ *Relais,* ☎ 92.74.66.10, 15 ch., f. 1er janv.-1er mars, 1er-24 déc., 180. Rest. ♦ 50-100.

LA FAIENCE DE MOUSTIERS

C'est vers 1679 que Pierre Clérissy, fils et petit-fils de potier, potier lui-même, prend le titre de faïencier : la tradition rapporte que le secret de l'émail lui a été confié par un moine originaire de Faenza, bien connue pour sa céramique. Dès lors, cette production va faire la fortune de Moustiers.
Les cinq grandes périodes :
1680-1720 : décors en camaieu bleu, imités des peintures florentines.
Vers 1710 : arabesques et draperies.
A partir de 1740, production de faïences polychromes avec une certaine prédilection pour les jaunes et verts : services « à rocaille » ou « à fleurs de pomme e terre ».
Après 1750 : décors à fleurs.
A partir de 1773 : sujets mythologiques et scènes champêtres aux couleurs plus tendres.

Restaurant :

● ♦♦ *Les Santons*, pl. de l'Eglise, ☎ 92.74.66.48, AE DC Visa ⚟ ⁂ ♪ f. mardi (h.s.) et déc.-mars. Dans un cadre de toute beauté, une cuisine fleurant le thym et la Provence. Spéc. : profiterolles de saumon au beurre blanc, pigeonneau aux deux cuissons à la compote de poireaux, 160-230.

⛺ ★★★ *Saint-Jean* (110 pl.), ☎ 92.74.66.85 ; ★★ *Le Moulin* (100 pl.), ☎ 92.74.66.66 ; ★★ *Saint-Clair* (175 pl.), ☎ 92.74.67.15.

LES GORGES DE LA NESQUE★

A 17 km à l'E. de **Carpentras** (→), la route de la Nesque (D 942), étroite et sinueuse sur une vingtaine de kilomètres, s'élève à travers des mamelons couverts d'oliviers, de chênes verts et de maquis. Elle remonte un instant la combe de l'Hermitage, puis débouche en corniche au-dessus des **gorges**★★, bordées de gigantesques falaises criblées de grottes. A son point culminant (belvédère, 734 m), elle passe devant le fameux **rocher du Cire**, immense falaise concave de près de 400 m de haut où Mistral a situé un épisode épique de Calendal. A la sortie des gorges, **Sault**, bien placé entre le **Ventoux** (→) et la **montagne de Lure** (→). A 7 km S.-E., le **plateau d'Albion** et ses missiles... on ne visite pas. □

ORANGE★★

Avignon 31, Nîmes 55, Paris 660 km
27502 habitants ⊠ 84100

Orange est la porte du Midi, superbement symbolisée par l'arc romain à l'entrée de la ville. Ceinture verte des platanes, marché du jeudi sur le cours Aristide-Briand, où le miel du Ventoux et la truffe de Vaison voisinent avec l'olive de Nyons, la lavande du Tricastin, la farigoule et le romarin : toute la Provence est là. Orange, c'est aussi un fabuleux théâtre antique où chaque année retentit la musique des Chorégies, l'une des grandes manifestations lyriques internationales.

▸ Le **théâtre antique**★★★ (B3), construit, semble-t-il, dès les premiers temps de la colonie, sous le règne d'Auguste, est un des plus grands qui soient et surtout le mieux conservé (classé 9e Monument Mondial, *t.l.j., 9 h-19 h, sf. j. de spectacles*). Le mur de scène★★ est le seul au monde qui subsiste dans son entier. A l'O. du théâtre se trouvaient le forum et des temples. ▸ Le **musée municipal** (B3) comporte une section lapidaire (cadastre★ de la région, 77 apr. J.-C.), des collections sur le Vieil Orange et une section de peinture (œuvres du peintre anglais Frank Brangwyn ; *t.l.j., 8 h 30-12 h/ 14 h-18 h 30 l'été, 17 h l'hiv.)* ▸ L'ancienne **cathédrale** (B2) est un vaste édifice de style roman provençal du XIIe s., profondément remanié au XVIe s. ▸ L'**arc de triomphe**★★ (A1) fut sans doute construit vers 20 av. J.-C. La décoration comporte des trophées d'armes, une frise de combattants★★ (face S., à dr.), deux scènes de combats★★, enfin des captifs qui commémorent la défaite d'un chef gaulois (face E.).

Orange : le mur de scène du théâtre antique est le seul au monde qui subsiste dans son entier.

▷ Aux environs

▸ **Mornas**, blotti au pied d'une énorme falaise. Les portes fortifiées et les vieux platanes, les ruines★ du château (XIIe s.) composent un décor agréable. ▸ **Bollène** a tout le caractère d'une cité provençale, avec sa ceinture de platanes et ses maisons anciennes ; collégiale Saint-Martin (XIIe-XVIe) ; petit musée (monnaies antiques, dessins de Picasso et Chagall ; *9 h-12 h/14 h-19 h, avr.-sept. ; en hiver : 15 h-18 h ; f. mar.*). ▸ **Sérignan-du-Comtat** *(8 km N.-E.)*, où Jean-Henri Fabre, le « Virgile des insectes », vécut de 1879 à sa mort (1915). Sa propriété (l'Harmas, en provençal « terrain inculte ») est devenue un musée (souvenirs et collections du savant ; aquarelles★ sur les champignons ; *9 h-11 h 30/14 h-16 h, 18 h en été ; f. mar. et*

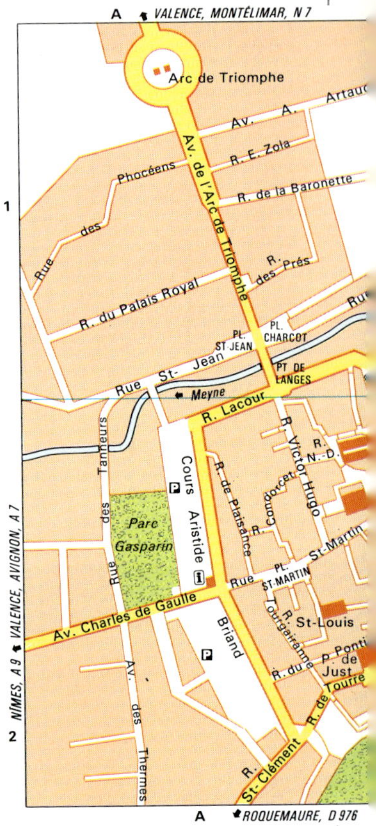

fêtes). ▸ **Châteauneuf-du-Pape :** les ruines d'un château (XIVe s.), mais surtout le « pontife des côtes du rhône », « drapé d'une pourpre qui se moire d'or avec les années » ; voir aussi le musée des vieux outils du vigneron (*t.l.j.* cave dégustation) (→ Fontaine-de-Vaucluse, Vaison-la Romaine, Villeneuve-les-Avignon). □

Adresses pratiques

ORANGE

ℹ av. du Gal-de-Gaulle (A3), ☎ 90.34.70.88.
SNCF (C2), ☎ 90.30.14.43.
Car av. F.-Mistral (C2), ☎ 90.34.15.59.
Loc. de voitures : *Avis,* Gare S.N.C.F.

Hôtels :

★★★ *Arène* (R.S.), pl. de Langes (B2), ☎ 90.34.10.95, Tx 431195, AE DC Euro Visa, 30 ch. P f. 1er nov.-7 déc., 280.

★★★ *Louvre et Terminus,* 89, av. F.-Mistral (C2), ☎ 90.34.10.08, Visa, 34 ch. P f. 20 déc.-5 janv., 250-280. Rest. ♦♦ ♪ 70-130.

★★ *Cigaloun,* 4, rue Caristie (B2), ☎ 90.34.10.07, 29 ch. P

★★ *Le Glacier* (L.F.), 46, cours A.-Briand (A3), ☎ 90.34.02.01, Visa, 29 ch. P f. dim. soir et lun. midi (nov.-Pâques), 23 déc.-8 fév., 155.

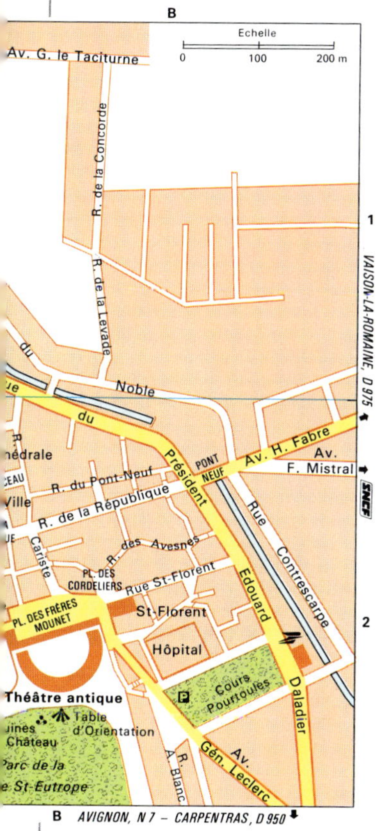

Restaurants :

♦♦ *Le Pigraillet,* colline St-Eutrope (B3), ☎ 90.34.44.25 🅿 f. lun. et dim. soir (h.s.), 6 janv.-10 fév., 140-180.

♦♦ *Le Provençal,* 27, rue de la République (C2), ☎ 90.34.01.89, Euro Visa ♪ ♿ f. mercr. Spéc. : **poulet aux écrevisses, brochet à la nougatine,** 60-120.

⛺ ★★ *Saint-Eutrope* (80 pl.), ☎ 90.34.09.22 ; *Le Jonquier* (105 pl.), ☎ 90.34.19.83.

Nos bonnes adresses :

Manifestations : *Chorégies,* en juil.-août.

▷ Aux environs

BOLLENE, ✉ 84500, 23 km N.

ℹ pl. de la Mairie, ☎ 90.30.14.43.
SNCF ☎ 90.30.20.02.

Hôtel :

★★ *Mas des Grès,* rte St-Restitut, Les Grès, rue Paul Valéry, ☎ 90.30.10.79, AE Visa, 13 ch. 🅿 f. lun., dim. soir, janv., 150-250. Rest. ♦ 100-150.

⛺ ★★★★ *Le Barry* (100 pl.), ☎ 90.30.13.20 ; ★★ *Le Lez* (70 pl.), ☎ 90.30.16.86.

Nos bonnes adresses :

Manifestations : *fête du papagaï,* en juin.

CHATEAUNEUF-DU-PAPE, ⊠ 84230, 10 km S.
ℹ ☎ 90.83.71.08.

Hôtels :

● ★★★★ *Château Fines Roches,* à 2 km S. par D 17, ☎ 90.83.70.23, Euro Visa, 7 ch. P ♪ ♿ 1/2 pens. oblig. (e.s.), f. lun., 23 déc.-17 fév., 900. Rest. ◆◆◆ ♪ f. lun. **Un fabuleux menu unique pour découvrir la délicieuse cuisine régionale des Estevenin,** 250-300.

★★★ *Le Logis d'Arnavel,* rte de Roquemaure, à 3 km, ☎ 90.83.73.22, AE Euro Visa, 15 ch. P 1/2 pens. oblig. (e.s.), 420 (1 pers.), 550 (2 pers.). Rest. ◆ ♪ 100-200 ; enf : 50.

Restaurant :

● ◆◆ *La Mule du Pape,* 2, rue de la République, ☎ 90.83.73.30, AE Euro Visa f. lun. soir et mar., le soir (15 nov.-15 fév.). **Le vignoble est dans la salle à manger, les bons vins dans votre verre pour mettre en valeur le Midi dans votre assiette. Spéc. : caillette vauclusienne, raviole de langoustines, fricassée de volailles au vinaigre,** 75-150 ; enf : 37.

Nos bonnes adresses :

Le guide du vin : *visites de caves,* liste des propriétaires au S.I.

SAINT-MAXIMIN-LA-SAINTE-BAUME★★

Aix 43, Marseille 50, Paris 801 km
5552 habitants ⊠ 83470

Amarré au bord de la plaine (un ancien lac desséché), Saint-Maximin presse ses maisons autour d'une énorme nef à la fois haute et trapue, dépourvue de clocher, qui mobilise le regard d'aussi loin que l'on aperçoit la petite ville. Son histoire se perd dans la légende selon laquelle Marie-Madeleine et Maximin, débarqués quelque trente ans plus tôt aux Saintes-Marie-de-la-Mer (→ Camargue), auraient été inhumés à cet endroit.

▸ La **basilique Sainte-Madeleine**★★ (1295-1532) conjugue de manière magistrale l'élan et la luminosité du gothique septentrional avec une simplicité de lignes et une sobriété toute provençale. Sobriété que l'on retrouve à l'intérieur où l'orgue★ (1773) de Jean-Esprit Isnard a gardé sa belle sonorité d'origine (nombreux concerts). Voir le retable de la Passion★ (1520), peint par le Vénitien F. Ronzen, la chape★ de saint Louis d'Anjou (XIIIe s., broderie d'or), la clôture★ du chœur (1691) et la crypte, ancien caveau funéraire du IVe s. ▸ **L'ancien couvent royal**★ (XIIIe-XVe s.), associé au flanc N. de la basilique, abrite désormais le Collège d'Échanges contemporains qui organise des activités essentiellement consacrées à la musique. Le **cloître★** du XVe s. est un lieu délicieux plein de lumière, de fraîcheur et de musique *(9 h-11 h 30/14 h30-18 h)*; en saison, concerts, récitals, expositions diverses. ▸ Notez les vieilles maisons à arcades (XIVe s.) de la rue Colber. Aix-en-Provence, le Thoronet.

LE MASSIF DE LA SAINTE-BAUME★★

Itinéraire d'Aubagne à Saint-Maximin *(48 km, 3 h)*

Saintes ou non, les montagnes de Provence, baignées de lumière pure, s'entourent d'une aura quelque peu mystique. La baume sainte est une grotte (en provençal, grotte se dit « baoumo ») où Marie-Madeleine serait venue faire pénitence. Ce refuge a donné son nom au massif qui, aux portes de Marseille, dresse son plateau-oasis, aussi frais et vert qu'une vallée jurassienne. La Sainte-Baume, c'est aussi une merveilleuse forêt, presque druidique, où croissent ensemble hêtres et sycomores, ifs, chênes et tilleuls, émergeant d'un semis de fleurs rares.

▸ **Aubagne** (→ Marseille, aux environs). ▸ **Gémenos**, au pied du massif. ▸ Parc de Saint-Pons★, au milieu des eaux vives du Sauge, l'ancien domaine d'une abbaye dont il ne reste que l'église romane. ▸ **Col de l'Espigoulier** (728 m), vue sur Marseille et le massif de la Sainte-Baume. ▸ **Hôtellerie de la Sainte-Baume,** foyer culturel et spirituel ouvert à tous, non loin de la grotte où Marie-Madeleine se serait retirée. A travers la forêt★★, un sentier conduit en 45 mn à la grotte qui s'ouvre au pied d'un formidable escarpement. Pour monter au **Saint-Pilon** (998 m d'alt.), il faut revenir au carrefour de l'Oratoire *(de là 40 mn)*. Le piton porte une chapelle d'où la vue★★ est admirable. Nombreuses autres promenades dans les environs. ▸ **Nans-les-Pins,** joli village et station estivale au milieu des pins naturellement. ▸ **Saint-Maximin-la-Sainte-Baume** (→).

□

Adresses pratiques

GEMENOS, ⊠ 13420, 6 km E. d'**Aubagne** par par D 2.

Hôtel :

★★★★ *Relais de la Magdeleine,* rte d'Aix-en-Provence, ☎ 94.82.20.05, Visa, 20 ch. 🅿 1/2 pens. oblig. (e.s.), f. nov.-mi-mars. **Bastide XVIIIe au milieu d'un parc,** 350-500. Rest. ◆◆ 200-240.

Restaurant :

◆◆ *Fer à Cheval,* pl. de la mairie, ☎ 94.82.21.19, f. sam. et août, 125-220.

NANS-LES-PINS, ⊠ 83860, 12 km S.-O. de **Saint-Maximin.**

ℹ ☎ 94.78.95.91.

Hôtel :

● ★★★★ *Domaine de Châteauneuf* (R.C.), ☎ 94.78.90.06, Tx 400747, AE DC Euro Visa, 34 ch. 🅿 1/2 pens. oblig. (e.s.), f. 30 nov.-21 mars, 920. Rest. ◆◆ ♿ 165-280.

⛺ ★★★ *Sainte-Baume* (90 pl.), ☎ 94.78.92.68.

Le PARC-DE-SAINT-PONS, ⊠ 13420 Géménos, 3 km E. de **Géménos.**

Hôtel :

★★ *Les Salons du Marquis,* vallée de Saint-Pons par D 2, ☎ 42.70.47.64, 12 ch. 🅿 f. mar., mercr. et jeu. (h.s.), 200. Rest. ◆ 85-120.

SAINTE-MAXIME

Cannes 61, Toulon 73, Paris 880 km
7364 habitants ⊠ 83120

Quand ils ne sont pas à la montagne, les saints provençaux sont sur les plages : de Saint-Tropez à Saint-Raphaël, en passant par Sainte-Maxime. Bien située en plein midi, cette grande station balnéaire regarde Saint-Tropez par-dessus les eaux lumineuses du golfe. Platanes et palmiers ombragent la promenade le long de la belle plage de sable fin.

▸ A 10 km N., le **parc de Saint-Donat** englobe le **musée du phonographe et de la musique mécanique★** (du premier phonographe d'Edison à la quadriphonie ; *10 h-12 h/15 h-18 h 30, Pâques-15 oct.*) (→ le massif des Maures, Saint-Tropez). □

Adresses pratiques

SAINTE-MAXIME

ℹ prom. S.-Lozière, ☎ 94.96.19.24.

Hôtels :

★★★★ *Golf Hôtel,* Beauvallon, 5 km O. par N 98, ☎ 94.96.06.09, 100 ch. 🅿 **Plage privée,** 900. Rest. ◆◆◆ 160-240.

★★★★ *La Belle Aurore,* 4, bd Jean-Moulin, La Croisette,

☎ 94.96.02.45, 17 ch. P ⚘ ⚓ ♪ ▭ 1/2 pens. oblig. (e.s.), f. 15 oct.-15 mars, 725-1 100. Rest. ♦♦♦ ⚘ ♪ 225-275.

★★★ *Calidianus,* bd Jean-Moulin, ☎ 94.96.23.21, 27 ch. P ⚘ ♒ ⚓ ♪ ▭ ⚲ Cadre agréable, 350.

★★★ *Muzelle-Montfleuri,* 4, av. Montfleuri, ☎ 94.96.19.57, 31 ch. P ⚘ ♒ ⚓ 1/2 pens. oblig. (e.s.), f. mi-oct.-mi-mars, 530. Rest. ♦♦ 100-180 ; enf : 50.

★★ *Auberge des Maures,* 3, rue des Frères-Battaglia, ☎ 94.96.01.92, 11 ch. ♒ ⚓ Ambiance familiale, accueil chaleureux, 190.

★★ *Le Préconil,* 8, bd A.-Briand, ☎ 94.96.01.73, 19 ch. P ♒ f. 31 oct.-15 mars, 220-250.

★★ *Marie-Louise,* hameau de Guerrevieille, ☎ 94.96.06.05, 14 ch. P ⚘ ♒ ⚓ 1/2 pens. oblig. (e.s.), f. 15 oct.-15 fév., 460. Rest. ♦ ♪ ♿ ⚲ Spéc. : terrine de crabe, daube à la provençale, civet de porcelet, 55-140.

Restaurants :

● ♦♦ *L'Esquinade,* sur le Port, ☎ 94.96.01.65, DC ⚘ ♪ f. mercr. (h.s.), 5 nov.-15 déc. Vive le rétro, la bourride et le blanc-cassis, 250-300.

♦♦ *La Gruppi,* av. Gal-de-Gaulle, ☎ 94.96.03.61, Visa ⚘ ♪ f. lun. (h.s.). Face à la mer. Spéc. : bouillabaisse des pêcheurs, bourride, loup au champagne, 150-250.

Nos bonnes adresses :

Gîte à la ferme : *Le Couloubrier,* rte de Plan-de-la-Tour, ☎ 94.96.23.36, camping.

▷ Aux environs

Le PLAN-DE-LA-TOUR, ✉ 83120 Sainte-Maxime, 10 km N.-O.

Hôtel :

★★★ *Ponte Romano,* rte de Grimaud, Preconil, ☎ 94.43.70.56, AE Visa, 10 ch. P ⚘ ♒ ⚓ ♪ ▭ ⚲ f. nov.-mi-mars. Cadre agréable, belle demeure provençale, 450-650. Rest. ♦♦♦ ♪ 220-300.

SAINT-RAPHAEL★

Cannes 43, Toulon 96, Paris 877 km
24310 habitants ✉ 83700

Depuis l'Antiquité, Saint-Raphaël n'a pas changé de vocation : de la villa gallo-romaine au lotissement de notre siècle, elle est cette villégiature où l'on vient pour le plaisir d'y être, face à une mer d'un bleu profond sur laquelle le Lion de terre et le Lion de mer profilent leurs récifs de porphyre rouge.

Palmiers, restaurants et cafés : la promenade du bord de mer, le vieux port également, connaissent en permanence une grande animation. ▸ Dans la vieille ville, au-delà de la voie ferrée, l'**église des Templiers** (roman provençal du XIIe s.) et le **musée de la Mer,** sur le parvis, méritent une visite (matériel de fouilles sous-marines ; *10 h-12 h/15 h-18 h, sf mar. et j. fériés, 15 juin-15 sept. ; 11 h-12 h/14 h-17 h sf dim. et j. fériés, l'hiver*). ▸ A 8 km S.-O., la belle plage de Saint-Aygulf dans un décor de pins et d'eucalyptus (→ Fréjus, le massif de l'Esterel, Cannes, Saint-Tropez). □

Adresses pratiques

SAINT-RAPHAEL

ℹ pl. de la Gare, ☎ 94.95.16.87.
SNCF ☎ 94.95.16.90/94.95.18.91/94.95.13.89.
🚌 pl. de la Gare, ☎ 94.95.24.82.
Loc. de voitures : *Avis,* Pl. de la Gare, ☎ 94.95.60.42 ; Pl. P.-Coulet, ☎ 94.95.61.24 ; Gare S.N.C.F.

Hôtels :

● ★★★ *Sol E Mar,* Le Dramont, 7 km E. par N 98, ☎ 94.95.25.60, 47 ch. Ⓟ 1/2 pens. oblig. (e.s.), f. 15 oct.-23 mars, 370-490. Rest. (pension) ♦♦ ♿ 380-480.

★★★ *Beau-Séjour,* prom. René-Coty, ☎ 94.95.03.75, 38 ch. f. 1er nov.-20 mars, 375.

★★ *France,* pl. Galliéni, ☎ 94.95.17.03, 28 ch., f. dim. (h.s.), déc., 150 (hiver), 200 (été).

★★ *Provençal,* 197, rue de la Garonne, ☎ 94.95.29.35, Visa, 29 ch. ♿ f. janv., 170.

Restaurant :

♦♦♦ *La Voile d'Or,* 1, bd du Gal-de-Gaulle, ☎ 94.95.17.04, AE DC Euro Visa ♪ f. mar. soir et mercr. (h.s.), 15 nov.-25 déc. Spéc. : bourride raphaéloise, marinade d'anchois, 180-250.

Nos bonnes adresses :

Manifestations : *corso des Mimosas,* en fév.
Port de plaisance : ☎ 94.95.34.30, (1300 empl.).

Aux environs

VALESCURE, ⊠ 83700 Saint-Raphaël, 5 km N.-E. par par D 37.

Hôtels :

● ★★★ *Golf de Valescure* (Best Western), (Mapotel), av. Paul-Lhermite, ☎ 94.82.40.31, Tx 461085, AE DC Euro Visa, 40 ch. Ⓟ ♿ 1/2 pens. oblig. (e.s.), f. 15 nov.-20 déc., 7 janv.-1er févr., 435-525. Rest. ♦♦♦ ♿ Spéc. : galantine de saumon, papillotte de rougets de roche, selle d'agneau à la crème d'ail, 170-220.

★★★ *San Pedro* (C.H.), av. Cl.-Brooke, ☎ 94.83.65.69, 28 ch. Ⓟ f. 30 oct.-Pâques, 500-650 (petit déj. 45).

SAINT-RÉMY-DE-PROVENCE★★

Avignon 21, Arles 25, Paris 709 km
8 439 habitants ⊠ 13210

Des ruines antiques (Glanum), le souvenir du plus grand poète provençal, Frédéric Mistral, la couronne des platanes, les fleurs des carrefours, les fontaines et le soleil, l'accent et le marché, l'accueil (et le pastis) : c'est la Provence et c'est Saint-Rémy.

▸ A l'orée de la ceinture de boulevards, la **place de la République** est, avec ses cafés, le pivot de la vie citadine. ▸ L'**église Saint-Martin**, classique, se signale par son clocher★ du XIVe s. ▸ Au N. de l'église, le **musée des Alpilles**, installé dans l'hôtel Mistral de Mondragon★ (1550; art et traditions populaires; documents sur Mistral et Nostradamus; *avr.-oct., 10 h-12 h/14 h-18 h sf mai : sam., dim., lun. et ascension seul.; en hiver, sam. et dim., 10 h-12 h/14 h-16 h*). ▸ L'**hôtel de Sade** (XVe-XVIe s.), voisin, abrite un **dépôt lapidaire** (fouilles de Glanum : portraits★ en marbre d'Octavie et de Julie). Rue Hoche, maison natale de Nostradamus *(vis. commentées, ttes les heures).*

Le cloître du monastère Saint-Paul-de-Mausole où séjourna Vincent Van Gogh.

▷ Aux environs

▸ **Glanum**★★ *(1 km S.)*. Ville sainte des Celto-Ligures, puis cité hellénistique et romaine, Glanum fut détruite en 270 par les Germains. Deux monuments célèbres *(à dr. de la route)*, les **Antiques**, qui ornaient jadis l'entrée de la ville, furent épargnés. L'**arc municipal**★, sans doute le plus ancien des arcs de triomphe élevés en Narbonnaise, évoque dans sa décoration la conquête des Gaules par César. Le **mausolée**★★, lui, doit dater des premières années de notre ère. On pense aujourd'hui qu'il s'agit d'un cénotaphe élevé à la mémoire des petits-fils d'Auguste. Empruntés au répertoire hellénistique, les bas-reliefs pourraient faire allusion à la biographie des deux princes. ▸ En face des Antiques, une allée conduit au **monastère Saint-Paul de Mausole**★★. C'est là que fut soigné pendant un an Vincent Van Gogh. L'église★ romane (fin du XIIe s.; façade du XVIIIe s.) est une véritable réduction des grandes églises de l'école provençale. Remarquez le clocher★, très élégant, et le cloître★. A côté, on visite les **ruines de Glanum** *(9 h-12 h/14 h-18 h; 10 h-12 h/14 h-17 h hors saison; f. mar.),* où l'on distingue notamment deux belles habitations hellénistiques★, les thermes romains, le forum et, tout au S., la source sacrée★ qui donna naissance à la ville (on y vénérait Glanis, divinité de la source). ▸ **Maillane** *(7 km N.-O.),* village natal de Frédéric Mistral. La maison que le poète fit construire à l'époque de son mariage (aujourd'hui musée Mistral, *10 h-12 h/14 h-16 h ou 17 h en saison; f. lun.*) a conservé son décor et son atmosphère. ▸ **Mont de la Caume** *(7 km S.)* : panorama immense★★ sur les Alpilles et la Camargue. ▸ **Eygalières**★ *(12 km E.),* le plus joli village des Alpilles (→ Les Baux-de-Provence, Tarascon). □

Adresses pratiques

SAINT-REMY-DE-PROVENCE

ⓘ pl. Jean-Jaurès, ☎ 90.92.05.22.

Hôtels :

★★★★ *Château des Alpilles* (C.H.), D 31, Route du Grès, ☎ 90.92.03.33, Tx 431487, AE DC Euro Visa, 16 ch. Ⓟ f. 12 nov.-20 déc., 3 janv.-20 mars (Rameaux). **Château XIXe jadis fréquenté par de nombreuses personnalités,** 510-690. Rest. ♦ Grill à la piscine, 85-130.

★★★ *Château de Roussan,* rte de Tarascon, ☎ 90.92.11.63, Visa, 12 ch. Ⓟ f. 20 oct.-20 mars. **Maison du XVIIIe s., au milieu d'un grand parc,** 400.

★★★ *Le Castelet des Alpilles,* 6, pl. Mireille, ☎ 90.92.07.21, AE DC Visa, 19 ch. Ⓟ 1/2 pens. oblig. (e.s.), f. 15 nov.-15 mars, 520. Rest. ♦♦ ♿ **Spéc. : bourride marseillaise des pêcheurs, loup de la Méditerranée au pistou,** 150-300.

★★ *Canto Cigalo,* chem. de Canto-Cigalo, ☎ 90.92.14.28, 20 ch. Ⓟ f. nov.-fév. **Calme absolu,** 220.

★★ *Chalet Fleuri* (L.F.), 15, av. F.-Mistral, ☎ 90.92.03.62, 12 ch. Ⓟ f. 1er nov.-15 mars, 220. Rest. ♦ ♪ **Cuisine provençale,** 80-100.

Restaurant :

♦ *Le Jardin de Frédéric,* 8, bd Gambetta, ☎ 90.92.27.76, AE DC Euro Visa ♪ f. mar. sf juil.-août, 12 nov.-15 déc. **Menus intéressants,** 120-170.

⛺ ★★★ *Pégomas* (66 pl.), ☎ 90.92.01.21; ★★ *Les Platanes* (33 pl.), ☎ 90.92.07.63; ★★ *Montplaisir* (76 pl.), ☎ 90.92.22.70.

Nos bonnes adresses :

Gîte rural : *Montplaisir,* ☎ 90.92.12.91, table d'hôte également.

▷ Aux environs

VERQUIERES, ⊠ 13670 Saint-Andiol, 10 km N.-E.

Restaurant :

● ♦♦♦ *Le Coupe Chou*, pl. de l'Eglise, ☎ 90.95.18.55 ⚟ ♨ ♪ ✗ f. lun. et mar. Seulement quelques places. Jeune chef à encourager. Spéc. : galantine de gigot d'agneau, flan de lapereau au basilic, petits paquets à la marseillaise et poissons, 150-300.

SAINT-TROPEZ★★

Toulon 69, Cannes 75, Paris 878 km
6248 habitants ⊠ 83990

Au plus fort de l'été, lorsque la foule l'envahit, Saint-Tropez rêve-t-il du temps où il n'était qu'un petit port de pêche? Du temps où Paul Signac, enchanté par la lumière et la couleur qui le baignaient, plantait son chevalet sur les collines environnantes ou dans les rues presque désertes. Après lui, Matisse, Bonnard, Marquet, Dunoyer de Segonzac, des écrivains aussi, tels que Maupassant et Colette, se laissèrent prendre au charme des vieilles façades roses, des couchers de soleil sur le golfe, l'un des plus beaux de la Côte d'Azur. Plus tard, les milieux littéraires de Saint-Germain-des-Prés, le monde du cinéma, Brigitte Bardot en proue, firent de Saint-Tropez ce qu'il est, le carrefour de l'été. Certains disent que Saint-Tropez « c'est fini », abandonné par ceux-là mêmes qui l'avaient « créé ». Mais chaque année reviennent les modes et les lubies, le carnaval permanent entre « Popoff » et « Sénéquier » sous le regard chargé d'ennui de plaisanciers qui n'ont jamais vu la mer.

▸ Après avoir « fait » cinq ou six fois le port sous l'œil impassible du bailli de Suffren, il faut se perdre dans les petites rues toujours charmantes, et de moins en moins fréquentées à mesure que l'on s'éloigne de la mer. Tout en haut (à l'E.), la **citadelle**★ (XVIe-XVIIe s.) abrite le **musée de la Marine** (maquettes★, archéologie sous-marine; *15 juin-15 sept. t.l.j., 10 h-18 h; 16 déc.-14 juin, 10 h-12 h/13 h-17 h f. jeu.*). Du haut du donjon, panorama★★ splendide sur le golfe et le massif des Maures. ▸ Le **musée de l'Annonciade**★★, au bout du port, dans une ancienne chapelle, est une petite merveille. La plupart des peintres qui travaillèrent à Saint-Tropez y sont représentés et les vues pleines de couleurs et de lumière que l'on a des fenêtres semblent répondre à leurs œuvres. On remarque des toiles de Paul Signac, la Femme à la balustrade★ de Van Dongen (1907), la Gitane★ de Matisse (1905), le Nu à la cheminée★ de Bonnard. Et aussi Marquet, Derain, Vuillard, Braque, etc. *(10 h-12 h/15 h-19 h juin-sept. ; 10 h-12 h/14 h-18 h oct.-mai ; f. mar. et nov. ; expositions temporaires également).*

▷ Aux environs

Les **plages de Saint-Tropez★** : la **Bouillabaisse** *(1 km O.)*, la **plage des Graniers** *(2 km E.)*. Au S.-E., la **plage de Tahiti** *(4 km)*, prolongée par les 5 km de sable de la **plage de Pampelonne.** ▶ La **chapelle Sainte-Anne** *(1 km S.)*, ombragée de grands pins parasols, réserve une vue superbe sur la ville. ▶ **Ramatuelle★** *(11 km S.)*, le type même des villages provençaux, ramasse ses maisons dans un désordre apparent au-dessus des vignobles de la presqu'île. ▶ A 2 km O. de Ramatuelle, les **moulins de Paillas★** (superbe panorama★★) ; ▶ 2,5 km plus loin, **Gassin★** serré sur son piton, veille sur la mer et la campagne tropézienne. ▶ **Les Marines de Cogolins** ensemble résidentiel autour d'un port de plaisance. ▶ **Port-Grimaud★** ; sorti des eaux du golfe à partir de 1964, un faux village méditerranéen qui devient vrai avec la patine du temps. Ponceaux et canaux, ruelles et « maisons de pêcheurs » colorées lui donnent beaucoup de charme (→ le massif des Maures). □

▶ Adresses pratiques

SAINT-TROPEZ

ℹ quai J.-Jaurès, ☎ 94.97.45.21.
Loc. de voitures : *Avis*, 13, bd. L.-Blanc, ☎ 94.97.03.10.

Hôtels :

★★★★(L) *Byblos*, av. Paul-Signac, ☎ 94.97.00.04, Tx 470235, AE DC Visa, 107 ch. 🅿 ⚘ ♨ ▭ f. nov.-mi-mars. Ravissantes maisons provençales rassemblées en hôtel-village, 800-2 000. Rest. ● ♦♦♦ *La Braiserie* ⚘ ♪ Agréable restauration au bord de la piscine, 300-400.

★★★★(L) *Résidence de la Pinède* (R.C.), plage de la Bouillabaisse, ☎ 94.97.04.21, Tx 470489, AE DC Euro Visa, 39 ch. 🅿 ⚘ ♨ ⛵ ♪ ♿ ▭ f. oct-mars. Plage privée, sports nautiques. Chambres spacieuses, 550-2 000. Rest. ♦♦♦ ⚘ ♪ ♿ 300-390.

● ★★★★ *La Mandarine*, rte de Tahiti, ☎ 94.97.21.00, Tx 970461, AE DC Euro Visa, 42 ch. 🅿 ♨ ⛵ ▭ f. mi-oct.-1er avr., 700-1 200. Rest. ● ♦ Le calme dans un écrin de verdure. Table agréable. Vins régionaux, 200-240.

★★★★ *La Maison Blanche*, pl. des Lices, ☎ 94.97.52.66, AE DC Visa, 8 ch. 🅿 ♨ ⛵ ♪ 750-1 200.

● ★★★ *La Tartane*, chem. des Salins, ☎ 94.97.21.23, Visa, 12 ch. 🅿 ♨ ⛵ ▭ f. 10 nov.-15 mars, 450. Rest. ♦ Pour échapper aux fureurs de la Côte, 120-180.

● ★★★ *Le Levant*, rte des Salins, ☎ 94.97.33.33, AE DC Visa, 28 ch. 🅿 ♨ ⛵ ▭ f. 15 oct.-1er avr., 350-575. Rest. grill ♦ 120.

● ★★★ *Le Mas de Chastelas*, quartier Bertaud, Gassin, ☎ 94.56.09.11, Tx 462393, AE DC Euro Visa, 31 ch. 🅿 ♨ ⛵ ▭ 🎾 f. 1er oct.-1er avr. Ancienne magnanerie au milieu des vignes, 400-900, 10 appts, 10 duplex. Rest. ♦♦♦ 🍽 f. oct.-avril. Déj. : au bord de la piscine, de délicieux plats farcis (résidents seult). Pour le dîner, 6 entrées, 6 plats au choix : soupe de galinette, rougets à l'étuvée de fêvettes aux olives noires, 220-240.

● ★★★ *Le Yaca,* 1, bd d'Aumale, ☎ 94.97.11.79, Tx 462140, AE DC Euro Visa, 22 ch. 1 appt f. 15 oct.-24 mars. Dans le vieux Saint-Tropez, 700. Rest. ♦ f. 10 sept.-1er juin, 200-250.

★★★ *La Ponche,* pl. du Revelin, ☎ 94.97.09.29, 94.97.02.53, 23 ch. f. janv.-mars, 200-700. Rest. ● ♦♦ Toujours à la mode et luxueux. Cuisine sans histoire : petits farçis, blanquette de lotte, 130-300.

★★★ *Lou Troupelen,* chem. des Vendanges, ☎ 94.97.44.88, DC Visa, 44 ch. P f. 6 nov.-23 mars, 345-370.

★★★ *Tahiti Beach,* Le Pinet, ☎ 94.97.18.02, 19 ch. P f. nov.-Pâques, 520. Rest. ♦♦ 120-200.

★★ *La Méditerranée,* 21, bd Louis-Blanc, ☎ 94.97.00.44, AE DC, 13 ch. P 1/2 pens. oblig. (e.s.), f. le midi, 20 oct.-10 mars, 425. Rest. ● ♦ Cela existe encore même ici, un agréable jardin d'été pour la bonne cuisine de Fernand Boix. Chapons farcis, homard à l'américaine, 130-180.

★★ *Lou Cagnard,* rue Paul-Roussel, ☎ 94.97.04.24, 19 ch. P f. 15 nov.-23 déc., 200.

★★ *Sube-Continental,* sur le Port, ☎ 94.97.30.04, Tx 400479, AE DC Euro Visa, 28 ch. f. 1er mars-1er avr., 500-990 (réduction 50 % d'oct. à avril). Rest. f. mai-oct. ♦ 150.

● *La Bastide de Saint-Tropez,* rte des Carles, ☎ 94.97.58.16, Tx 461516, AE DC Euro Visa, 20 ch. et 7 suites. P f. 5 janv.-15 fév., 1er nov.-15 déc., 1 600. Rest. ● ♦♦♦ Plusieurs petits bungalows créent une oasis de calme à mille mètres de la place des Lices. Table agréable, prix, hélas, à la hausse, 250-280.

● *La Bastide des Salins,* rte des Salins, ☎ 94.97.24.57, Tx 385587, 12 ch. P Résidence hôtelière, 570.

Restaurants :

● ♦♦♦ *Le Chabichou,* av. Foch, ☎ 94.54.80.00, Tx 461051, Visa f. 15 oct.-15 mai. L'été à la mer... l'hiver à la montagne, c'est le rêve secret de nombreux vacanciers. Le voici presque réalisé par le bouillant et talentueux Michel Rochedy, bien épaulé par son épouse. Ses fourneaux sont installés à Saint-Tropez et Courchevel (deux grandes tables valent mieux qu'une), pour le plus grand plaisir de sa fidèle clientèle toujours exigeante. Saluons sa compétence au service d'une cuisine brillante et légère : moules de bouchot en vinaigrette de céleri aux artichauts et champignons des bois, colineau rôti à la crème de laitue, côte de veau au jus simple, casserole de champignons. Desserts de haut niveau. En cave, de bien jolis grands et petits vins, 220-420.

♦♦♦ *Leï Mouscardins,* 16, rue Portalet, ☎ 94.97.01.53, Visa f. 2 nov.-1er fév. Attention ! L'ambiance générale est à la décontraction. Un effort s'impose. Bouillabaisse, chapon farci, 275-350.

● ♦♦ *Le Bistrot des Lices,* 3, pl. des Lices, ☎ 94.97.29.00, DC Visa Les prix des plats varient au gré des marchés.Piano-bar, orchestre brésilien, 270-320.

♦♦ *Chez Nano,* pl. de l'Hôtel-de-Ville, ☎ 94.97.01.66, AE DC Visa, f. mar., 15 janv.-15 mars. Une institution : pour voir et être vu, 190-230.

♦♦ *Les Maures (Chez Dédée),* 4, rue Dr-Boutin, ☎ 94.97.01.50, DC Visa, f. novembre. Cadre agréable. Spéc. : poissons et fruits de mer, 125-200.

♦♦ *Lou Pinet,* chemin du Pinet, ☎ 94.97.07.45, AE DC Euro Visa. Autour de la piscine ou en terrasse, Jo de Salerne vous propose une cuisine provençale ou seychelloise, 160-250.

♦♦ *Lou Revelen,* 4, rue des Remparts, ☎ 94.97.06.34, AE DC Visa f. dim. soir (h.s.), 5 janv.-5 mars. Cuisine régionale : bouillabaisse, pâtes fraîches aux langoustines, 95-150.

● ♦ *La Ramade,* rue du Temple, ☎ 94.97.00.15, Visa

♪ ♿ f. jeu. soir , nov.-Pâques. Pierrot pêche tôt le matin, et tard le soir, puis vous prépare d'excellents poissons grillés aux sarments de vignes : aïoli, bourride, 250.

● ♦ *Café des Arts,* pl. Carnot, ☎ 94.97.02.25 ♨ f. oct.-Pâques. Une honnête cuisine de bistrot, le préféré d'Eddy Mitchell, 150.

♦ *Fuchs,* 9, rue des Commerçants, ☎ 94.97.01.25. Un café tabac et une excellente cuisine pour les habitués. Plats du jour, soupe de poisson, 150.

♦ *L'Escoundu,* 3, rue du Clocher, ☎ 94.54.83.50, f. 15 oct.-15 mars. Très bon rapport qualité-prix dans ce restaurant à la bonne cuisine du patron, 80-100.

Nos bonnes adresses :

Discothèques : *L'Esquinade,* Pour les couche-tard ; Les Caves du Roy, Le fief de J. Vayssière ; *L'Aphrodisiaque,* 3, rue Allard, ☎ 94.97.01.15 ; *The Hilarios,* ☎ 94.97.46.10 ; *Le Papagayo,* Animée par Régine.

Le guide du vin : *R. Sumeire,* Château Barbeyrolles-Gassin, ☎ 94.56.33.58 ; *bar à vin,* 13, rue des Feniers, ☎ 94.97.46.10.

Manifestations : *salon des antiquaires,* 26 juil. ; *fête de la Bravade,* 16-18 mai ; *bravade des espagnols,* fin août-déb. sept. ; *foire de la Ste-Anne,* pl. des Lices.

Marché : pl. des Lices, mar. et sam. mat..

♥ *Sénéquier,* ☎ 94.97.00.90, le café sur le port ; confiserie : *Desbrosses,* 29, rue Gambetta, ☎ 94.97.22.36 ; les plages : *La Voile Rouge,* ☎ 94.79.84.34 ; *L'Esquinade,* ☎ 94.79.83.42 ; *Tropicana,* ☎ 94.79.83.96 ; *Club 55,* ☎ 94.79.80.14 ; *Tahiti,* ☎ 94.97.28.02 ; *Moorea,* ☎ 94.97.18.17.

▷ Aux environs

Les MARINES DE COGOLIN, ✉ 83310 Cogolin, 5 km O.

ℹ ☎ 94.56.03.70.

Restaurant :

♦♦ *Port-Diffa,* RN 98, les 3 ponts sur la Giscle, ☎ 94.56.29.07, AE DC ⚟ ♨ ♪ ⚡ f. 6 janv.-26 mars. Spéc. marocaines. Menu intéressant, 160-230.

PORT-GRIMAUD, ✉ 83310 Cogolin, 6 km O.

Hôtel :

★★★★ *Giraglia,* Grand' Rue, ☎ 94.56.31.33, Tx 470494, AE DC Visa, 48 ch. Ⓟ ⚟ ♒ ♪ ♿ 📺 f. 15 oct.-30 mars, 860 (basse saison)-1 260. Rest. ♦♦ *l'Amphitrite* ⚟ ♪ ♿ 225-330.

RAMATUELLE, ✉ 83350, 10 km S.

Hôtels :

● ★★★ *Le Baou,* (Mapotel), av. G.-Clemenceau, ☎ 94.79.20.48, Tx 462152, AE DC Euro Visa, 36 ch. Ⓟ ⚟ ♨ ♒ 📺 🎾 f. 4 nov.-13 mars, 560-980 (h.s.). Rest. ♦♦ ⚟ ♪ Entre mer et campagne, un hôtel luxueux. Jean-Denis Sénéquier (le fils de Toto de Saint-Tropez) supervise avec son épouse un restaurant de standing. Excellente cuisine du jeune Frérard : soufflé d'artichauts, rougets juste poêlés, cuisse de lapin farçie, 250-350.

★★★ *La Figuière,* rte de Tahiti, ☎ 94.97.18.21, 42 ch. Ⓟ ⚟ ♨ ♒ ♿ 📺 🎾 f. 5 oct.-1er avr. Dans les vignes, 400.

★★★ *Saint-Vincent,* rte de Tahiti, ☎ 94.97.36.90, 16 ch. Ⓟ ⚟ ♨ ♒ ♪ ♿ 📺 f. 3 nov.-12 avr., 450.

★★*Auberge des Vieux Moulins,* rte des Plages, ☎ 94.97.17.22, 7 ch. Ⓟ f. 15 sept.-26 mai à déjeuner et mercr. soir (mai-juin), 420. Rest. ♦♦ Spéc. provençales autour de la fontaine de cette vieille demeure, 150-200.

Restaurants :

♦♦ *Chez Camille,* quartier de Bonne-Terrasse, ☎ 94.79.80.38 ⚟ ♿ f. mar. , oct.-25 mars. Spéc. : bouillabaisse et poissons, 165-300.

♦ *Club 55,* plage de Pampelonne, ☎ 94.79.80.14, parking pour autos, accueil pour bateaux, plage et calme. Une bonne cuisine de saison. F. le soir et nov.-avril (sauf fêtes de Noël) 150-250.

Nos bonnes adresses :
Chambres d'hôtes : *l'Amourié,* les Vieux Moulins, ☎ 94.97.22.11, 6 ch., f. 1er oct.-15 mai.

SALON-DE-PROVENCE★

Aix 36, Arles 41, Paris 724 km
35845 habitants ✉ 13300

Connu surtout par son école de l'Air, Salon est d'abord une de ces vieilles cités commerçantes de Basse-Provence auxquelles le développement des voies de communication a donné un élan décisif. Pressée autour du rocher qui porte son château, la ville a débordé brusquement de ses anciennes limites, essaimant dans la plaine une succession de quartiers neufs.

▸ De la **place Crousillat,** où murmure une fontaine, la **rue de l'Horloge** monte tout droit à travers la vieille ville vers l'esplanade du château. Elle laisse à g. la **rue Nostradamus,** avec la maison où le célèbre astrologue écrivit ses Prophéties (Centuries; *vis. t.l.j. sf mar., 10 h-12 h/15 h-19 h).* ▸ Juché sur un rocher à pic, le **château de l'Emperi★** a assez fière allure (XIIe-XVIe s.). Notez la belle cour d'honneur★. Le château renferme des collections relatives à l'histoire de l'armée française de la fin du règne de Louis XIV à la Grande Guerre *(10 h-12 h/ 14 h 30-18 h 30, 14 h-18 h oct.-mars; f. mar. et fêtes).* ▸ A g. de l'esplanade, l'**église Saint-Michel** (XIIIe s.) est à mentionner pour son portail★ mi-gothique (colonnettes, chapiteaux), mi-roman (archivolte et tympan). ▸ La **rue du Bourg Neuf** descend à la belle porte★ à mâchicoulis. A côté, l'**hôtel de ville★,** charmant édifice d'époque Louis XIV. ▸ A 400 m, vers l'E., dans une jolie demeure provençale du XVIIIe s., le **musée de Salon et de la Crau** (vie et faune provençales; *t.l.j. sf w.e., 10 h-12 h/14 h-17 h).*
▸ Au N. de la ville, la **collégiale Saint-Laurent★** est une des meilleures productions du gothique provençal (dans la 4e chapelle g., tombeau de Nostradamus et Vierge★ en albâtre du XVIe s.) (→ Les Baux-de-Provence, Silvacane). □

Adresses pratiques

SALON-DE-PROVENCE

ℹ 56, cours Gimon, ☎ 90.56.27.60.
SNCF ☎ 90.56.01.15/90.56.04.05.

Hôtels :

✻ ★★★★ *Abbaye de Sainte-Croix* (R.C.), rte du Val-de-Cuech, ☎ 90.56.24.55, Tx 401247, AE DC Euro Visa, 24 ch. P ≤ ♨ ♪ ♿ 1/2 pens. oblig. (e.s.), f. 31 oct.-1er mars, 550-760. Rest. ● ♦♦♦ ≤ ♪ ♿ ✻ f. lun. midi. Carte intelligente pour les fines préparations d'Yves Sauret : feuilleté de foie gras de canard, daube de turbot, escalope de loup au basilic. Vins de Provence, 250-400 ; enf : 60.

★★ *Midi,* 518, allées de Craponne, ☎ 90.53.34.67, Tx 401056, Euro Visa, 27 ch. P 200. Rest. ♦ ♪ 55-130.

★★ *Vendôme,* 34, rue du Mal-Joffre, ☎ 90.56.01.96, 22 ch. P ♨ 190.

Restaurants :

● ♦♦ *Robin,* 1, bd G.-Clemenceau, ☎ 90.56.06.53, AE DC Euro Visa ♪ f. lun. et dim. soir et févr. Francis Robin, président des Cuisiniers du Soleil, montre l'exemple dans son décor Louis XVI : civet de homard, assiette du pêcheur au safran, 210-280.

♦♦ *La Brocherie des Cordeliers,* 20, rue d'Hozier, ☎ 90.56.53.42, DC Visa ♪ ✻ f. dim. et lun., j. fériés, vac. sc. févr., 5-19 juil., 24-26 déc. Spéc. : magret de canard aux myrtilles, sauté de Saint-Jacques à la ciboulette, 70-150.

♦♦ *Le Craponne,* 146, allées de Craponne, ☎ 90.53.23.92, Visa ♪ ♿ f. lun. et dim. soir, juillet. Décor agréable. Menus intéressants. Une succulente tarte au citron, 135-170.

⛺ ★★★ *Nostradamus* (83 pl.), ☎ 90.56.08.36.

Aux environs

La BARBEN, ✉ 13330 Pélissanne, 8 km S.-E.

Hôtel :

● ★★ *La Touloubre,* (R.S., L.F.), ☎ 90.55.16.85, Euro Visa, 17 ch. P ♨ ✻ f. dim. soir et lun., 15-31 janv., 15-30 nov., 250 (pet. déj. 30). Rest. ♦♦ Menus intéressants, valorisant la cuisine régionale : jambonnette de volaille au foie gras et morilles, 100-250.

SANARY-SUR-MER★

Toulon 12, Marseille 54, Paris 829 km
11689 habitants ✉ 83110

Une petite ville toute rose et blanche, un port charmant ébouriffé de palmiers, des plages de sable fin et un mistral qui se fait discret en raison des collines.

Aux environs

▸ **Le Gros Cerveau★** *(13 km N.)* : vue★★ magnifique sur le littoral de la presqu'île de Giens à la Ciotat. ▸ **Ollioules et le mont Caume** *(22 km N.-E.)* : Ollioules est célèbre par ses cultures florales ; église, roman provençal. ▶ Par les belles **gorges d'Ollioules,** on peut aller voir **Evenos★,** vieux village perché sur un piton rocheux. La petite route du **mont Caume** zigzague jusqu'aux deux forts qui couronnent la montagne (801 m ; vue★). ▶ **Ile des Embiez** *(traversée en 10 mn à partir du petit port du Brusc, 6 km S. de Sanary).* L'île a été aménagée par Paul Ricard en un complexe touristique, sportif et culturel ; l'Observatoire de la mer offre un panorama (aquariums★) de la vie en Méditerranée *(9 h-12 h/14 h-18 h ; f. certains j. fériés).* ▶ **Notre-Dame-du-Mai★** *(13 km S.-E. de Sanary).* La chapelle s'élève au point culminant du **cap Sicié** (358 m), presque à pic sur la mer (collection d'ex-voto populaires★ ; panorama★★). ▶ **Six-Fours-les-Plages,** d'où l'on peut monter au fort★ *(2 km N.)* pour découvrir un beau panorama sur la rade de Toulon ; ancienne collégiale Saint-Pierre (romane et gothique du XVIIe s. ; tableau de la Vierge★ du XVIe s. ; *sam. et dim. a.-m. en saison ; sam. h. saison).* ▶ **Notre-Dame-de-Pépiole** *(5 km E.),* au coin d'un bois de pins et de chênes-lièges (X^{e} ou XIe s.) : le site est charmant (→ Cassis, Toulon). □

▶ Adresses pratiques

SANARY-SUR-MER

ℹ jardins de la Ville, ☎ 94.74.01.04.
SNCF ☎ 94.91.50.50.

Hôtels :

★★ *Grand Hôtel des Bains,* av. Estienne-d'Orves, ☎ 94.74.13.47, AE DC Visa, 32 ch. Ⓟ ⚘ ♨ ♿ 1/2 pens. oblig., 420. Rest. ♦ ⚘ ♪ ♿ 80-110.

★★ *Roc Amour,* bd de la Falaise, ☎ 94.74.13.54, 20 ch. Ⓟ ⚘ ♨ ♿ pens. oblig. (e.s.), f. 1er janv.-15 fév., 460. Rest. ♦ ⚘ ♿ f. lun. (h.s.). Spéc. : **poulet aux crustacés,** 100-150.

★★ *Tour,* sur le port, ☎ 94.74.10.10, DC Euro Visa, 26 ch. ⚘ ♪ pens. oblig. (e.s.), f. déc., 495. Rest. ♦ ⚘ ♪ f. mar., 90-160.

⛺ ★★★ *Les Girelles* (220 pl.), ☎ 94.74.13.18 ; ★★★ *Mogador* (240 pl.), ☎ 94.74.10.58 ; ★★★ *Val d'Aran* (240 pl.), ☎ 94.29.56.16.

▷ Aux environs

SIX-FOURS-LES-PLAGES, ✉ 83140, 4 km E.

Restaurant :

● ♦♦ *Auberge-Saint-Vincent,* pont du Brusc, ☎ 94.25.70.50, AE DC Euro Visa, f. lun., dim. soir et 1er-15 janv. V. Sciré fait des efforts méritoires pour ses clients : **coquillages en vivier, sole aux trois senteurs de Provence, loup aux olives.** Bourgogne et beaujolais des Hospices de Beaune et de Beaulieu, 120-220.

SEILLANS★

Grasse 31, Castellane 56, Paris 895 km
1609 habitants ⊠ 83440 Fayence

Ce petit bourg fortifié s'accroche aux pentes du mont Auzières. Ses maisons aux pierres chaudes, le charme de ses rues fleuries, le chant d'une fontaine près des remparts et du vieux château séduisirent Gounod et Max Ernst. A 1 km S.-E., **Notre-Dame-de-l'Ormeau** *(s'adresser au S.I.)* abrite un retable★★ sculpté et peint du XVIe s. représentant l'arbre de Jessé (ex-voto populaires).

▸ A 7,5 km S.-E., **Fayence** est un village d'artisans bien situé sur le rebord des Plans de Provence. Église classique du XVIIIe s. (vue★) (→ le Grand Canyon du Verdon, Tourtour). □

Adresses pratiques

SEILLANS

Hôtels :

★★★ *Deux Rocs,* pl. Font-d'Amont, ☎ 94.76.87.32, 15 ch. f. 1er nov.-21 mars, 170-350. Rest. ♦♦ f. mar. et jeu. midi, 130-150.

★★★ *France,* pl. du Thouron, ☎ 94.76.96.10, Tx 970530, 28 ch. Ⓟ 1/2 pens. oblig. (e.s.), f. mercr. (h.s.), 5-25 janv., 250-350. Rest. ♦♦ *Clariond* f. mercr. **Cuisine classique : carré d'agneau à la broche, civet de lapin,** 110-250.

Aux environs

FAYENCE, ⊠ 83440, 7 km E.

ℹ pl. Léon-Roux, ☎ 94.76.20.08.

Hôtel :

● ★★★ *Moulin de la Camandoule,* chemin N.-D.-des-Cyprès, 3 km S.O. par D 19, ☎ 94.76.00.84, DC Visa, 11 ch. Ⓟ 1/2 pens. oblig. (e.s.), f. nov.-févr. **Vieux moulin à huile remarquablement restauré,** 165-420. Rest. ♦♦ f. mar. (sf juil.-août), 5 janv.-31 mars, 1er nov.-20 déc., 160-220.

Restaurant :

♦♦ *Le France,* place de la République-1, rue du Château, ☎ 94.76.00.14, Euro Visa f. mar. soir et mercr. (h.s.), 15 nov.-15 févr., 15 nov.-20 déc. **Cuisine classique : écrevisses en saison, gigot grillé aux herbes. Prix raisonnables,** 90-130.

Ⓐ ★★★ *Lou Cantaire* (35 pl.), ☎ 94.76.23.77 ; à Montauroux, 10 km E., ★★★ *Les Chaumettes* (120 pl.), ☎ 94.76.43.27.

Nos bonnes adresses :

Manifestations : *foire à la brocante,* déb. août.

ABBAYE DE SENANQUE → p. 140

L'ABBAYE DE SILVACANE★★

C'est l'une des rares fondations cisterciennes à n'être pas perdue au fond des bois ou d'un vallon solitaire. L'endroit, il est vrai, n'était jadis guère fréquenté, isolé qu'il était au milieu des marécages qui sont à l'origine de son nom (sylva cana = forêt de roseaux).
Adapté à la déclivité du terrain, le plan général de l'abbaye est un bon exemple du plan type des monastères de l'ordre *(10 h-12 h/14 h-17 h, 18 h en saison; f. mar. et fêtes).* ▶ **L'église★** (1175-1230), comme à Sénanque et au Thoronet, est d'une grande et sobre beauté. Le **cloître,** 2e moitié du XIIIe s., encore roman dans son ensemble, comporte néanmoins des voûtes d'ogives à trois de ses angles.

▷ Aux environs

Cadenet *(5 km N.-E.)* : sur la place principale, une statue honore la mémoire d'André Estienne (1777-1838), le « Tambour d'Arcole », artisan de la fameuse victoire de Bonaparte (1796). Dans l'église, fonts baptismaux★, *belle pièce antique du IIe s.* ▶ **Pertuis** *(18 km E.)* garde quelques vestiges de son passé médiéval (rempart, tour, château); dans l'église triptyque du XVIe s. ▶ A 6 km N.-E. de Pertuis, **La Tour-d'Aigues** entoure les ruines d'un imposant château du XVIe s. (porte monumentale★); Christ peint de l'école italienne (XVe s.), dans l'église. ▶ **Meyrargues** *(16 km S.-E. de Silvacane),* dont le château d'origine médiévale est transformé en hôtel. ▶ A 6 km E., **Peyrolles-en-Provence★,** au milieu des arbres fruitiers et des vignobles; château du XVIIIe s. (mairie). A 9 km N.-E. de Peyrolles, le **défilé de Mirabeau★** que parcourt la Durance. ▶ **Rognes** *(9 km S. de Silvacane),* célèbre par ses carrières de pierre; l'église conserve un superbe ensemble de retables★ en bois sculpté de la fin du XVe au XVIIIe s. (→ le Lubéron, Lambesc, Salon de Provence). □

▶ Adresses pratiques

LAURIS, ⊠ 84360, 18 km O. de Pertuis.

Hôtels :

● ★★ *Auberge du Vieux Pont* (L.F.), ☎ 90.72.85.28, 8 ch. 🅿 f. lun. Rest. ♦ f. lun. et soir (nov.-fév.). Spéc. : bouillabaisse, 60-80.

★★ *La Chaumière* (L.F.), pl. du Portail, ☎ 90.08.01.29, AE

L'abbaye de Sénanque, un des plus purs témoins de l'architecture cistercienne du XIIe s.

DC Euro Visa, 10 ch. P 1/2 pens. oblig. (e.s.), f. 5 janv.-20 fév., 450. Rest. ♦♦ f. mar. et mercr. midi. **Un festival gourmand de primeurs du terroir intelligemment préparés par Julien Corcinos dans un agréable décor donnant sur la Durance. Vins de Provence et du Lubéron**, 170-210.

MEYRARGUES, ✉ 13650, 8 km S. de Pertuis.

Hôtel :

● ★★★ *Château de Meyrargues,* ☎ 42.57.50.32, AE DC, 14 ch. 2 suites et 1 appt. f. 1er nov.-16 fév. Château fort dominant la vallée de la Durance, 480-650. Rest. ♦♦♦ f. lun. et dim. soir, 1er nov.-mi-mars, 180-220.

PERTUIS, ✉ 84120, 18 km E.

i pl. Mirabeau, ☎ 90.79.15.56.
SNCF ☎ 90.79.10.43.

Hôtel :

★★★ *Sevan,* (Best Western) [Mapotel], av. de Verdun, ☎ 90.79.19.30, Tx 431470, AE DC Euro Visa, 40 ch. P 1/2 pens. oblig. (e.s.), f. janv.-févr. sauf restaurant-grill, 300-600. Rest. ♦♦ **Spéc. : foie gras de canard maison, turbotin braisé au curry, mignonettes d'agneau au chèvre de pays**, 100-200.

Ⲁ *Municipal* (200 pl.), ☎ 90.79.10.98.

L'ABBAYE DE SENANQUE★★★

Paix, silence et solitude. Dans l'austère vallon de la Sénancole, aux flancs couverts de garrigues, voici la dernière (chronologiquement) des « trois sœurs provençales » (les autres étant

Silvacane et le Thoronet). Sénanque reste l'un des plus purs témoins de l'architecture cistercienne du XIIe s., une de ces constructions où l'art de bâtir, rejetant la fioriture, est fait d'une technique irréprochable qui s'allie au sens de la forme, de la mesure et de la lumière.

▸ Fondée en 1148, Sénanque est aujourd'hui le siège d'activités culturelles diverses : concerts de musique ancienne, expositions temporaires *(10 h-12 h/14 h-18 h, 19 h en saison).* ▸ On visite le dortoir, le **cloître★**, la salle capitulaire, la salle des moines et l'**église★**. ▸ Dans le **réfectoire,** introduction audiovisuelle à la vie cistercienne, tandis que les **anciennes cuisines** (XVIIe s.) proposent une initiation à la symbolique romane. ▸ Le bâtiment de ferme abrite deux **expositions permanentes :** une sur le **Sahara,** l'autre intitulée « Itinéraire architectural de Sénanque » *(10 h-12 h 30/14 h-19 h; tél. :90.72.02.05)* (→ Fontaine de Vaucluse, Gordes, Apt). □

SISTERON★

Digne 39, Gap 48, Paris 706 km
6572 habitants ⊠ 04200

Un enchevêtrement de toits presque plats s'étageant au pied d'une citadelle. En face, un millefeuille géant de calcaire rongé par l'érosion. Entre les deux, passé l'étranglement d'un pont sans âge, une Durance transformée en lac : le « site pittoresque » par excellence. Sisteron, c'est la porte de la Provence et du même coup celle du Dauphiné. La géologie, le climat, la végétation et l'Histoire en ont ainsi décidé. ▶ Couronnant une étroite crête calcaire, la **citadelle★** (XIIe-XVIe s.) parachève le caractère grandiose du site *(8 h-19 h des Rameaux à la Toussaint; itinéraire flêché, visite sonorisée).* La plate-forme commande un immense horizon, tout comme l'extrémité orientale de la courtine, qui domine le pont de la Baume. ▶ Au centre de la ville, **la cathédrale Notre-Dame-des-Pommiers** du XIIe s. est une belle production de l'école romane provençale marquée de nettes influences lombardes (portail, chevet). Notez les chapiteaux★ des piliers de la nef et les deux bons primitifs français du début du XVIe s. (2e chapelle de g.). A g. de l'église, un itinéraire fléché vous conduit à travers les « andrônes » (du latin andro = passage entre deux murs) des vieux quartiers.

▷ Aux environs

▶ **Vilhosc** *(6 km E.),* vestiges d'un prieuré du XIe s. (crypte caractéristique du premier art roman méridional). ▶ **Château-Arnoux** *(14 km S.-E.),* bien situé au-dessus du **lac de l'Escale** aménagé sur la Durance. Joli château du début du XVIe s. ▶ Excursions dans la haute **vallée du Vançon,** déserte et boisée *(23 km N.-E., D 3).* □

▶ Adresses pratiques

SISTERON

ℹ hôtel de ville, ☎ 92.61.12.03.
SNCF ☎ 92.61.00.60.

Hôtels :

★★★ *Grand Hôtel du Cours,* pl. de l'Eglise, ☎ 92.61.04.51, AE DC Euro Visa, 50 ch. Ⓟ f. 15 nov.-15 mars, 160-320. Rest. 70-160.

★★ *Chênes* (L.F.), rte de Gap, ☎ 92.61.15.08, Euro Visa, 22 ch. Ⓟ f. dim. et sam. soir (h.s.), Toussaint, Noël, 210. Rest. ♦ **Cuisine familiale,** 70-130; enf : 48.

⛺ ★★ *Municipal* (200 pl.), ☎ 92.61.19.69.

Nos bonnes adresses :

Manifestations : *festival de la citadelle,* (théatre, danse, musique), mi-juil.-mi-août.
♥ calissons, nougats : *Canteperdrix,* 32, av. Jean-Jaurès, ☎ 92.61.01.81; charcuterie : *Richard et Badet,* impasse de l'Horloge, ☎ 92.61.13.63, Pieds et paquets.

▷ Aux environs

CHATEAU-ARNOUX, ✉ 04160, 14 km S.-O.

ℹ rte Nationale, ☎ 92.64.02.64.

Hôtel :

● ★★★★ *La Bonne Etape* (R.C.), chemin du Lac, ☎ 92.64.00.09, Tx 430605, AE DC Euro Visa, 18 ch. Ⓟ f. dim. soir et lun. (h.s.), début janv.-15 févr.,

15-22 nov. Cartons de tapisseries d'Aubusson, ch. calmes et délicieuses, 350-600. Rest. ● ♦♦♦ Sur la route Napoléon, cet ancien relais de poste du XVIIIe s. mérite bien son nom. Les nombreux clients satisfaits demandent souvent aux Gleize de leur conter l'étonnant récit du célèbre cuisinier Denos Titin... Simple et vraie, une tranche de vie picaresque que n'aurait pas désavouée Giono, l'enfant du pays. Pour votre appétit et votre bonheur, la cuisine généreuse de Pierre et Jany Gleize, accommodée des herbes de la région avec, en prime, le sourire d'Arlette : jambon et daube d'agneau, omelettes froides à la tapenade, morue fraîche à la Denos Titin, agneau de Sisteron rôti. Chèvres, brebis, huile, olives et vins du pays, truffes et champignons, 220-360.

TARASCON★

Arles 18, Avignon 23, Paris 711 km
11024 habitants ✉ 13150

Tartarin n'est donc pas mort. Si l'on demande à un Tarasconnais de parler de sa ville, il citera bien sûr le château du « bon roi René », probablement l'une des plus belles réalisations féodales de France; il évoquera aussi la Tarasque, mi-crocodile, mi-lion, domptée par sainte Marthe, et puis Tartarin. On a du mal à oublier le petit gros barbichu, immortel vantard et chasseur de casquettes qui, en son temps, a colporté dans la France entière une image caricaturale des Provençaux. Aujourd'hui le héros de Daudet défile dans la ville en fête. Assurément, les Tarasconnais ont une grande qualité : ils ne sont pas rancuniers.

▸ Le **château★★** (XVe s.), isolé, magnifique, est bâti sur un rocher calcaire baigné par le Rhône. Vigilante sentinelle, il surveillait la frontière de la Provence face à Beaucaire, situé en territoire royal. Ses hauts murs crénelés, sa puissance toute militaire, cachent un intérieur d'une rare élégance : la forteresse était aussi une résidence princière *(vis. accompagnée à 10 h, 11 h, 14 h, 15 h et 16 h, plus 9 h et 17 h en saison; f. mar. et fêtes)*. La cour intérieure★, ombreuse et fraîche, est entourée par le logis seigneurial où les grâces du gothique flamboyant contrastent avec l'austérité extérieure. ▸ La **collégiale Sainte-Marthe★** (XIIe-XVIIe s.) doit aux reliques qu'elle renferme (celles de l'hôtesse du Christ) d'être l'un des sanctuaires les plus célèbres de la Provence. Voir le grand portail sud★, élégante composition romane. L'intérieur montre une intéressante collection de tableaux★ de peintres provençaux ou ayant travaillé en Provence : Mignard, Sauvan, Van Loo, Ziem et Parrocel. Dans la crypte, tombeau★ de Jean de Cossa (XVe s.) et tombeau de sainte Marthe. ▸ En ville, on pourra flâner agréablement **rue**

Le château de Tarascon surveillait jadis les frontières de la Provence.

des Halles, charmante avec ses vieilles arcades, et aller dire bonjour à la fameuse Tarasque *(au S.I.).*

▷ Aux environs

▸ **Boulbon** *(7 km N.)* s'adosse à la **Montagnette,** petit massif aux vallons paisibles couverts d'oliviers, d'abricotiers, de pins et de cyprès. Les ruines d'un énorme château domine le bourg agricole. Dans le cimetière, **chapelle Saint-Marcellin★,** romane (XIIe s.). ▸ **L'abbaye Saint-Michel de Frigolet** *(11,5 km N.-E.),* au cœur de la Montagnette, en haut d'un vallon sauvage où pousse le thym (férigoulo, d'où le nom de l'abbaye), fut fondée au Xe s. Elle est occupée par les prémontrés dont les cérémonies liturgiques revêtent toujours un grand éclat *(vis. accompagnée, 9 h-12 h/ 14 h-19 h).* De l'ancien prieuré, il reste essentiellement la petite église Saint-Michel, romane. Dans l'abbatiale (XIXe s.), somptueuses boiseries★ encadrant 14 toiles de Mignard. En vente au monastère, le fameux élixir... du bon révérend-père Gaucher, une « liqueur verte, dorée, chaude, étincelante, exquise, qui vous ensoleille l'estomac ». ▶ **Barbentane** *(15 km*

N.-E. de Tarascon), gardé par ses deux portes fortifiées du XIVe s. Le château★ est un parfait exemple de goût classique en terre provençale ; superbe décoration★ intérieure du XVIIIe s. *(10 h-12 h/14 h-18 h Pâques-Toussaint ; f. mer. sf juil.-sept. ; en hiver dim. seul. aux mêmes heures)* (→ Avignon, Arles, le Lubéron). □

Adresses pratiques

i av. de la République, ☎ 90.91.03.52.
SNCF ☎ 90.91.04.82/90.91.08.22.

Hôtels :

★★★ *Les Mazets des Roches,* Rte de Fontvieille, ☎ 90.91.34.89, AE DC Euro Visa, 24 ch. P f. 15 oct.-15 avr., 350. Rest. ♦ f. jeu. soir, 90-140 ; enf : 65.

★★★ *Provence,* 7, bd V.-Hugo, ☎ 90.91.06.43, AE DC Euro Visa, 11 ch., 190.

★★ *Moderne,* 26, bd Item, ☎ 90.91.01.70, 31 ch. P 230-250. Rest. ♦ *Le Mistral,* f. sam. sf groupes, f. janvier. **Spéc. : daube provençale,** 55-80.

★★ *Provençal,* 12, cours A.-Briand, ☎ 90.91.11.41, AE Euro Visa, 22 ch. P f. 1er nov.-15 mars, 100-180. Rest. ♦ **Spéc. régionales : bourride, daube provençale,** 70-160.

★★ *Saint-Jean,* 24, bd V.-Hugo, ☎ 90.91.13.87, AE DC Euro Visa, 12 ch. f. 15 déc. 15 janv., 205. Rest ♦ f. mercr. (h.s.). **Cuisine provençale. Spéc. : terrine de rascasse au poivre rose,** 70-100.

⛺ ★★ *Camp Tartarin* (33 pl.), ☎ 90.91.04.46 ; ★★*Saint-Gabriel* (44 pl.), ☎ 90.91.19.83.

L'ABBAYE DU THORONET★★★

Brignoles 25, Toulon 64, Paris 839 km
819 habitants ⊠ 83340 Le Luc

Des trois « sœurs » cisterciennes de Provence, celle où l'on découvre le mieux comment l'austérité de l'architecture monastique peut être belle. La perfection des volumes et de l'appareillage des pierres, la maîtrise de l'espace et de la lumière y pallient merveilleusement l'absence de décor. Un dépouillement bien dans l'esprit des hommes qui vécurent ici dans la méditation, la prière et le travail manuel, à la recherche de la simplicité primitive.

▸ Les bâtiments monastiques furent édifiés entre 1160 et 1175. Simple et pure, l'**église**★ romane donne accès (bas-côté N.) au **cloître**★, à l'architecture sobre et puissante, havre de paix et de fraîcheur, dont le silence n'est troublé que par la fontaine du lavabo.

▸ **Cabasse** *(7 km S.-O.)*, niché dans la verdoyante vallée de l'Issole, riche en vestiges préhistoriques (menhirs, dolmens). La place du village est délicieuse et l'église Saint-Pons (XVIe s.) renferme un remarquable retable★ en bois sculpté de 1543 (→ le Massif des Maures, Saint-Maximin-la-Sainte-Beaume, Draguignan). □

Adresses pratiques

Hôtel :

Relais de l'Abbaye, Les Bruns, à 3 km N.-O. par D 84, ☎ 94.73.87.59, 5 ch. 🅿 ⚘ ♧ 190-380. Rest. ◆◆ ♪ ♿ f. lun. soir et mar. Cadre agréable. Spéc : petit salé roulé séché aux herbes, poulet au citron à la provençale, gâteau aux marrons, 200.

TOULON★

Marseille 64, Nice 153, Paris 839 km
181405 habitants ⊠ 83000

Fini le temps des cols bleus, des pompons rouges et des pantalons blancs. Les nostalgiques d'une image traditionnelle qui disparaît pourront toujours aller rêver sur le port devant les silhouettes gris-bleu des navires de la « Royale » hérissés de tubes à feu, de radars et d'antennes. Mais Toulon, c'est d'abord un site : un

L'abbaye du Thoronet : maîtrise de l'espace et de la lumière.

arc superbe de montagnes blanches, piquetées de pins qui embrassent une **rade★★** pleine de superlatifs. Et la ville? Au-delà des tours, il faut s'enfoncer au cœur de la vieille ville : rues étroites, fontaines moussues et platanes, le marché★ quotidien du cours Lafayette aussi, peuvent encore nous replonger dans l'ambiance provençale. Et puis, il y a le merveilleux belvédère du mont Faron...

▶ En bordure de la Darse Vieille, le **quai de Stalingrad** (C3), aux terrasses de cafés pleines de monde et de soleil, semble coupé de la ville par la grande barre des immeubles de l'avenue de la République. Toulon n'épouse plus son port. Sur la façade de l'ancien hôtel de ville (C3), les deux célèbres atlantes★ de Puget. ▶ La **préfecture maritime** (B3) marque le début des installations militaires. ▶ Avec sa très belle porte monumentale (autrefois porte principale de l'arsenal), le **musée de la Marine★** (B3) évoque au moyen de maquettes★, tableaux, pièces diverses (figures de proue★) provenant de navires, l'histoire maritime de Toulon *(10 h-12 h/13 h 30-18 h; f. mar. et fêtes).* ▶ L'**arsenal maritime** (A-B2), qui fut à l'origine du développement de la ville, en reste encore le plus important établissement industriel. Le long de la Darse Neuve, se trouvait le bagne évoqué par Victor Hugo dans les Misérables. L'entretien et la réparation des navires de guerre et de commerce représentent aujourd'hui les principales activités de l'arsenal. ▶ Au cœur de la vieille ville, la **place Puget** (C2) doit son charme à sa jolie fontaine. ▶ La **rue d'Alger** (C3), célébrée dans les chansons de matelots, fut un temps l'axe du quartier « chaud » du vieux Toulon, au visage équivoque et changeant. Les rues voisines en ont gardé une cer-

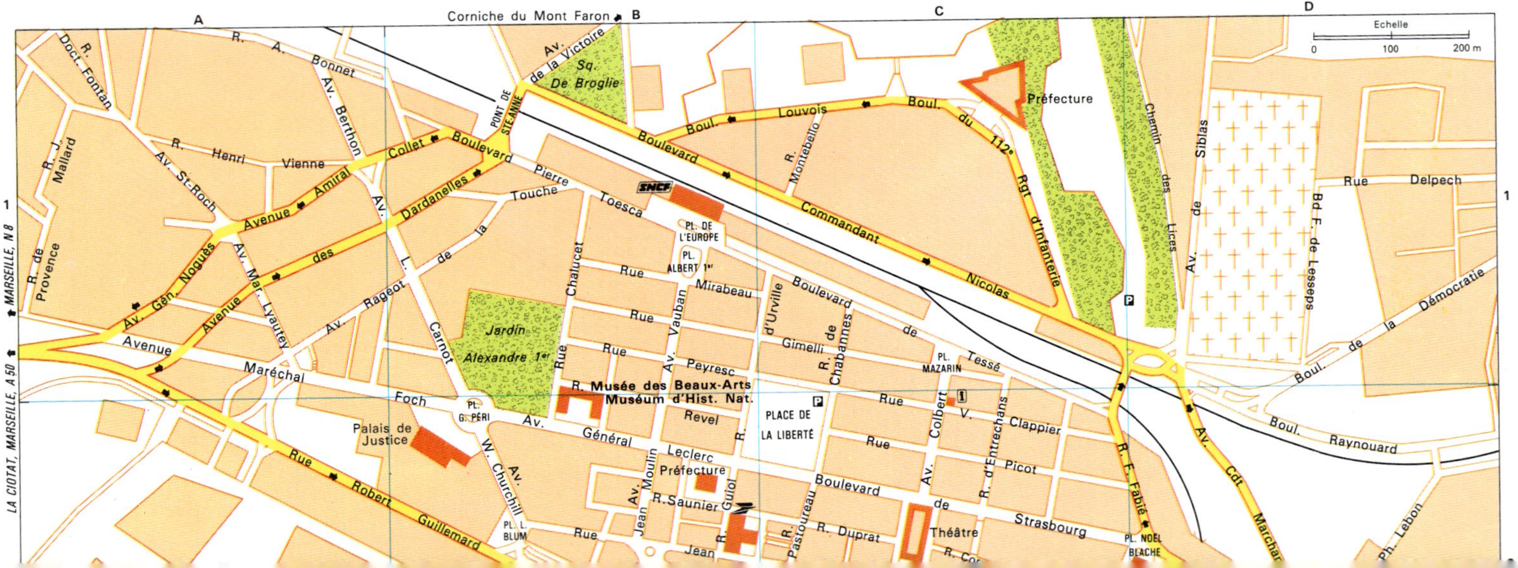

A
B
C
D
1
Corniche du Mont Faron
Echelle
0
100
200 m
MARSEILLE, N 8
LA CIOTAT, MARSEILLE, A 50
R. Doct. Fontan
R. J. Mallard
R. de Provence
R. A. Bonnet
Av. Berthon
R. Henri Vienne
Av. St-Roch
Avenue Amiral Collet
Boulevard
Avenue des Dardanelles
Av. Gén. Nogues
Av. Mar. Lyautey
Avenue Maréchal Foch
Av. L. Carnot
Av. Rageot de la Touche
Pierre Toesca
PONT DE STE-ANNE
Av. de la Victoire
Sq. De Broglie
Boulevard Commandant Nicolas
Boul. Louvois
R. Montebello
Boul. du 112e Rgt d'Infanterie
Préfecture
Chemin des Lices
Av. de Siblas
Rue Delpech
Bd F. de Lesseps
Boul. de la Démocratie
Boul. Raynouard
Av. Cdt Marchand
Ph. Lebon
SNCF
PL. DE L'EUROPE
PL. ALBERT 1er
Rue Chalucet
Rue Mirabeau
Rue Vauban
Rue Peyresc
Av. Vauban
d'Urville
Boulevard de Tessé
Gimelli
R. de Chabannes
PL. MAZARIN
Jardin Alexandre 1er
R. Musée des Beaux-Arts
Muséum d'Hist. Nat.
Revel
PLACE DE LA LIBERTÉ
Rue Colbert
V. Clappier
Rue Picot
R. d'Entrechans
Av. Colbert
R. F. Fabié
PL. NOËL BLACHE
PL. G. PÉRI
Palais de Justice
Av. W. Churchill
Av. Général Leclerc
Préfecture
Av. Jean Moulin
R. Saunier
R. Guiol
Boulevard de Strasbourg
R. Pastoureau
R. Duprat
Théâtre
R. Co
PL. L. BLUM
Rue Jean
Rue Robert Guillemard

HYÈRES, FRÉJUS, N 98 - GIENS, D 559
3
Tour Royale, FRÉJUS
Gare Maritime
A
B
C
D
3
Sq. Pr. J. Kennedy
Porte d'Italie
Cath. Ste-Marie
Musée du Vieux Toulon
Hôtel de Ville
St-Louis
Ancien Hôtel de Ville
Préfecture Maritime
Musée Naval
Porte de l'Arsenal
Arsenal Maritime
Darse Vieille
Darse Neuve
Darse de Castigneau
Avenue de la République
Quai Stalingrad
Q. de la Sinse
Av. Franklin Roosevelt
RD-PT BIR-HAKEIM
ROND-POINT BONAPARTE
PL. PASTEUR
R. Amiral Jaujard
R. Henri Poincaré
Av. Georges Clémenceau
Av. Col. Fabien
St-Bernard
R. Lafayette
PL. GAMBETTA
PL. PUGET
PL. DE LA POISSONNERIE
PL. L. BLANC
PL. DE LA CATH.
PL. ING. G. MONSENERGUE
PL. DU PAVÉ D'AMOUR
PL. A. VALLE
Cours Lafayette
R. Courdouan
R. d'Alger
R. Seillon
R. Zola

taine couleur. ▸ La **cathédrale Sainte-Marie** (C2-3) est un curieux mélange de styles classique (façade, 1696) et romano-gothique (structure de l'édifice; à l'intérieur, plusieurs toiles intéressantes : Pierre Puget, J.-B. Van Loo, Mignard). ▸ Ombragé de platanes, le **cours Lafayette** (C3) et son célèbre **marché★** du matin où « voici pour cinq francs du thym de la garrigue, un peu de safran et un filet de figues... ». ▸ Au nº 69 du cours, le **musée du Vieux-Toulon** *(15 h-18 h f. dim.).* ▸ L'**église Saint-François de Paule** (C3) offre une élégante façade cintrée (1744), d'un baroque très italianisant (statue de la Vierge★, en bois doré, 1660). ▸ **Le Mourillon et le cap Brun** (hors plan par D3; *7,5 km A.R.*) : à l'extrémité du Mourillon, la **tour Royale★** (A5), du XVIᵉ s., abrite un petit musée naval; panorama★ sur la rade. Par le **bd Dr-Cunéo** (hors plan D3), on gagne le petit **port du Mourillon★**, surveillé par le fort Saint-Louis★. Au-delà s'étendent de belles plages artificielles, le cap Brun et son quartier résidentiel.

Et aussi... ▸ **Le musée de Toulon** (B1-2) : collections d'histoire naturelle, d'art et d'archéologie (salle orientale, peintures de A. Carrache et de P. Brueghel, école française : David, Carle Van Loo; peinture moderne : Maurice Denis, Vlaminck; *10 h-12 h/14 h-18 h; f. j. fériés*).

▷ Aux environs

▸ **Châteauvallon** *(7 km N.-O.)*, centre culturel et artistique établi (site★) parmi les pins, les oliviers et les pierres. ▸ **Evenos★** (→ Sanary).

Le mont Faron★★ *(circuit fléché de 18 km, sens unique; accès par téléphérique t.l.j. sf lun. mat., B1)*

▸ Au-dessus de Toulon, le mont Faron (542 m) dresse sa masse calcaire couverte de bois de pins. ▸ **Mémorial national du débarquement en Provence**, dans la tour Beaumont, à g. de la route (documents, diorama, films; *9 h-19 h été; 9 h-11 h 30/14 h-17 h 30 hiver*); panorama★★ (tables d'orientation). ▸ Plus loin, le zoo (fauves, singes) et le **fort de la Croix-Faron** (vue★ sur la côte).

Le tour de la rade★ *(1 à 2 h en bateau, départ du quai de Stalingrad, B2; en voiture, 17 km jusqu'à Saint-Mandrier, 2 h env.)*

▸ Sortie de Toulon par A1 du plan. ▸ **La Seyne-sur-Mer**, cité industrielle vivant au rythme de ses importants chantiers de constructions navales bien menacés pourtant aujourd'hui; musée panoramique de la mer (faune et flore sous-marines; *10 h-12 h/15 h-19 h été; 10 h-12 h/14 h-18 h hiver; f. ven., le mat. des sam. et lun., f. nov.*). ▸ **Fort de Balaguier** (musée naval, les galères et le bagne; panorama★★ unique sur la rade; *10 h-12 h/15 h-19 h été; 10 h-12 h/14 h-18 h sf lun. et mar. hiver*). ▸ Station balnéaire de **Tamaris,** puis celle des **Sablettes,** reconstruite par l'architecte Fernand Pouillon. ▸ **Saint-Mandrier,** au fond d'une petite anse; port de pêche et de plaisance; vue★ sur la rade et la mer (du cimetière). ▸ On peut prolonger la promenade par le **cap Sicié** (→ Sanary). □

Adresses pratiques

TOULON

ℹ 8, av. Colbert (C1-2), ☎ 94.22.08.22.
✈ *Toulon-Hyères,* 21 km E., (Le Palyvestre), ☎ 94.57.41.41. *Agence Air France,* 9, pl. d'Armes, ☎ 94.92.20.50.
SNCF (B1), ☎ 94.22.90.00/94.91.50.50/94.22.39.19.
🚌 bd P.-Toesca (B1).
⛴ ☎ 94.41.25.76, Services réguliers pour la Corse en saison.
Loc. de voitures : *Avis,* Gare S.N.C.F.; Aéroport, ☎ 94.38.98.02; av. de L'I.U.T. (La Valette), ☎ 94.21.03.41; Carrefour Léon-Bourgeois (hors plan D3), ☎ 94.36.20.01.

Hôtels :

●★★★ *Altea Tour Blanche,* (ex Frantel), bd Amiral-Vence (hors plan B1), ☎ 94.24.41.57, Tx 400347, AE DC Euro Visa, 93 ch. **Vue splendide sur** Toulon et la rade, 295-550. Rest. f. sam. midi et dim. ♦♦ **Cuisine régionale ou menu autour d'un plat : assiette de poisson fumé, artichaut barigoule, loup grillé** à l'huile d'olive, 120-260.

★★★ *La Corniche,* nouvelle direction, 1, littoral F.-Mistral (hors plan D3), ☎ 94.41.35.12, AE DC Euro Visa, 22 ch. 250-410 pet. déj. 35. Rest. ♦♦ f. lun. et dim. soir , du 1er sept. au 30 juin; lundi en juil., fév. Spéc. : **bouillabaisse, moules neptune, poissons grillés,** 30-250 carte (excellente table).

★★★ *Le Grand Hôtel,* 4, pl. de la Liberté (C2), ☎ 94.22.59.50, Tx 430048, AE DC Euro Visa, 45 ch. 320-410 (petit déj. 40).

★★ *Europe,* 7 bis, rue de Chabannes (C1-2), ☎ 94.92.37.44, Tx 400479, DC Euro Visa, 29 ch., 145-300.

★★ *La Résidence,* 18, rue Gimelli (B1), ☎ 94.92.92.81, DC Visa, 27 ch. 150.

★★ *Maritima,* 9, rue Gimelli (B1), ☎ 94.92.39.33, 48 ch. 130.

Restaurants :

♦♦♦ *Le Lutrin,* 8, littoral F.-Mistral, Le Mourillon (hors plan D3), ☎ 94.42.43.43, AE DC Euro Visa f. sam. Spéc. : **foie gras frais de lutrin, papillotte de rascasse sur fond de légumes frais,** 135-220. + carte.

♦♦ *La Calanque,* 25, rue Denfert-Rochereau (C2), ☎ 94.92.28.58, AE DC Euro Visa, f. lun. **Menu intéressant. Cuisine classique. Spéc. : sole soufflée en mousseline, filet de turbot sabayon au fenouil,** 90-200.

♦♦ *La Ferme,* 6, pl. L.-Blanc (C3), ☎ 94.41.43.74, Euro Visa f. dim. et août. Spéc. : **soufflé d'oursins, suprême de turbot au vin du Var, pâtisseries. Bon rapport qualité-prix du menu,** 100-210.

♦♦ *Le Dauphin,* 21 bis, rue Jean-Jaurès (C2), ☎ 94.93.12.07, Visa f. sam. soir et dim., 16-23 fév., 6 juil.-3 août. Spéc. : **saumon mariné huile d'olive, filet de rouget au curry, filet de bœuf aux truffes,** 125-175.

♦♦ *Madeleine,* 7, rue des Tombades (B2), ☎ 94.92.67.85, DC Visa f. mar. soir et mercr. Spéc. : **cassoulet au confit** de canard, cassolette de foies de volailles aux girolles, 80-180.

♦ *Pascal "Chez Mimi"*, 83, av. de la République (B2), ☎ 94.92.79.60, AE DC ♪ f. lun., 110.

Nos bonnes adresses :

Manifestations : *foire commerciale* en oct; *fêtes de la Saint-Pierre* en juil., *semaine des Régates* en sept.

▷ Aux environs

Les OURSINIERES, 12 km E. par N559.

Hôtel :

●★★★ *L'Escapade*, Le Pradet, les Oursinières, ☎ 94.21.72.76, Euro Visa, 16 ch. 400-580.

La SEYNE-SUR-MER, ⊠ 83500, 6 km O.

ⓘ rue L.-BLum, ☎ 94.94.73.09.
SNCF ☎ 94.94.80.07.
Loc. de voitures : *Avis*, Av. Gagarine, ☎ 94.94.55.47.

Hôtel :

★ *Moderne*, 2, rue L.-Blum, ☎ 94.94.86.68, 18 ch. 190.
★★★*Buffalo Parc* (80 pl.), ☎ 94.25.22.08; ★★★*L'Union* (35 pl.), ☎ 94.94.86.10.

SOLLIES-TOUCAS, ⊠ 83210 Solliès-Pont, 18 km N.-E.

Restaurant :

●♦♦ *Lingousto*, RN 554, ☎ 94.28.90.25, AE DC Visa ♪ f. lun. et dim. soir , lun. midi seult (juil.-août), 15 janv.-30 fév. L'excellente cuisine provençale d'Alain Ryon fleure bon le pays. Mesclun de poisson, 165-300.

VAISON-LA-ROMAINE★★

Carpentras 28, Avignon 47, Paris 667 km
5 864 habitants ⊠ 84110

Vaison jongle avec les siècles : la ville médiévale occupe le site préhistorique et l'agglomération moderne recouvre la cité romaine. Entre les deux (ou les quatre), l'Ouvèze coule ses eaux vertes sous l'arche unique d'un pont romain.

▸ Une bonne partie de la ville romaine dort encore sous la cité actuelle. ▸ Le **quartier de Puymin** *(9 h-17 h, ou 18 h en saison)* englobe la maison des Messii qui était une riche et vaste demeure digne de celles de Pompei. A proximité, le portique de Pompée (52 m × 64 m), ancienne promenade publique. ▸ Le **théâtre**★ (20 apr. J.-C.) s'adosse à la pente N. de la colline. ▸ Le **musée,** semi-souterrain, abrite le matériel de fouilles (statues de marbre★, Vénus laurée★, buste d'homme en argent★). ▸ On pénètre dans le **quartier de la Villasse** par une rue antique. On y voit la basilique, la maison du buste en argent et la maison au dauphin. ▸ L'ancienne **cathédrale Notre-Dame de Nazareth**★ est une des plus intéressantes productions de l'école romane de Provence ; certains éléments (abside★ du VIe s.) sont d'époque mérovingienne. Un beau **cloître**★ roman s'appuie sur le flanc N. *(mêmes horaires que les monuments romains ; billet commun).* ▸ La **chapelle Saint-Quénin**★ *(300 m au N.)* offre dans sa décoration les mêmes réminiscences antiques que la cathédrale ; abside triangulaire★ de la fin du XIIe s. ▸ Le **pont romain** donne accès à la vieille **ville médiévale** (XIIIe-XIVe s.) où il fait bon flâner. Toute une population s'y fixe à nouveau et restaure fenêtres à meneaux et toitures. Église du XVe s. et ruines du château (XIIe s.) des comtes de Toulouse.

▷ Aux environs

▸ **Valréas** *(25 km N.),* ancienne enclave des papes d'Avignon que rappelle encore aujourd'hui une anomalie administrative : c'est un canton du Vaucluse entouré par le département de la Drôme. Voir l'hôtel de ville des XVe-XVIIIe s., les maisons anciennes de la Grande-Rue ; la chapelle des Pénitents-Blancs (XVIIe s.). ▸ A 7 km S.-O. de Valréas, **Richerenches,** ancienne commanderie du XIIe s. bâtie sur plan rectangulaire (enceinte et tours fortifiées). ▸ Au S. de Vaison, les **Dentelles de Montmirail**★ découpent leurs crêtes ouvragées sur un ciel clair : c'est un petit paradis pour les promeneurs et les varappeurs. ▸ A leurs pieds : **Séguret**★, « balcon du Haut-Comtat » peuplé d'artistes et d'artisans (église XIIe s., vieilles rues, portes et remparts du Moyen Age : le site est classé). ▸ Plus au S., **Gigondas** *(16 km S.-O. de Vaison),* un nom bien rond pour ce village qui produit un côtes-du-rhône qui ne l'est pas moins (nombreux caveaux de dégustation). ▸ A 6 km S. de Gigondas, **Notre-Dame d'Aubune**★, chapelle (IXe-Xe s.) surmontée d'un clocher roman d'inspiration antique (→ Orange, Nyons, Montélimar). □

▸ Adresses pratiques

VAISON-LA-ROMAINE

ℹ pl. de l'Abbé-Sautel, ☎ 90.36.02.11.

Hôtels :

★★★ *Le Beffroi,* rue de l'Evêché, Haute-Ville, ☎ 90.36.04.71, AE DC Euro Visa, 21 ch. 🅿 f. 11 nov.-15 déc., 5 janv.-15 mars, 120-320. Rest. ● ♦♦ *La Fontaine* f. lun. (sf juil.-août) et mar. midi. Le charme du XVIe s., avec jardin en terrasse sur les hauteurs, se trouve ici au service d'une cuisine classique : escalope de truite de mer au pistou, filet de bœuf aux morilles, 110-160 ; enf : 45.

★★ *Logis du Château* (L.F.), les Hauts de Vaison, ☎ 90.36.09.98, 40 ch. P ⚘ ♨ ⚘ ▭ ⚘ ⚘ f. 31 oct.-15 mars, 275. Rest. ♦♦ ♪ 60-125.

★ *Théâtre Romain*, pl. de l'Abbé-Sautel, ☎ 90.36.05.87, 21 ch. P ⚘ f. 15 nov.-15 fév., 150. Rest. ♦ f. jeu., 65-90.

Ⱥ ★★ *Moulin de César* (140 pl.), ☎ 90.36.00.78.

Nos bonnes adresses :

Le guide du vin : à Rasteau, 7,5 km O., *cave des vignerons*, ☎ 90.46.10.43, côtes-du-rhône villages.

Manifestations : *festival*, en juil., au théâtre antique.

▷ Aux environs

GIGONDAS, ✉ 84190 Beaumes-de-Venise, 14 km S.-O.

ℹ pl. du Portail, ☎ 90.65.85.46 (e.s.).

Hôtels :

● ★★ *Montmirail* (L.F.), par Vacqueyras, ☎ 90.65.84.01, AE DC Visa, 46 ch. P ⚘ ♨ ⚘ ♿ ▭ 1/2 pens. oblig. (e.s.), f. 15 nov.-1er mars, 450. Rest. ♦ ⚘ ♿ f. lun., 90-150.

★★ *Les Florets* (L.F.), rte des Dentelles, 1,5 km E., ☎ 90.65.85.01, DC, 15 ch. P ⚘ f. mar. soir et mercr., 2 janv.-fév., 200. Rest. ♦♦ Spéc. : magret de canard sauce aigre-doux, escalope de saumon à l'oseille, 90-140 ; enf : 45.

Nos bonnes adresses :

Le guide du vin : *La Maison du gigondas*, pl. de la Mairie.

SEGURET, ✉ 84110 Valréas, 10 km S.-O.

Hôtels :

● ★★★ *Domaine de Cabasse*, entre Sablet et Séguret, D977, ☎ 90.46.91.12, Visa, 10 ch. P ⚘ ♨ ⚘ ⚘ ▭ 1/2 pens. oblig., 900. Rest. ● ♦♦ ⚘ ♿ ⚘ f. 15 janv.-15 mars. Excellente cuisine préparée par N. Latour, pour un menu unique. Spéc. du Comtat Venaissin, 130-200.

★★★ *La Table du Comtat*, ☎ 90.46.91.49, AE DC Euro Visa, 8 ch. P ⚘ ♨ ⚘ ▭ f. mar. soir et mercr. (h.s.), fév., 22-30 novembre, 1 semaine décembre, 300-500. Rest. ● ♦♦ ⚘ ♿ ⚘ Réserver. Sur la campagne et le vignoble, cuisine régionale : escalope de bar au velouté de favouilles, noisettes d'agneau enrobées de foie gras, pot-au-feu de pigeon et cuisse de canard, 150-250.

Nos bonnes adresses :

Auberge de jeunesse : *Le Bresquet*, rte de Sablet.

Manifestations : *festival provencal*, en août.

VALREAS, ✉ 84600, 25 km S.-E.

ℹ pl. A.-Briand, ☎ 90.35.04.71.

Hôtel :

★★ *Grand Hôtel* (L.F.), 28, av. Gal-de-Gaulle, ☎ 90.35.00.26, 18 ch. P ♨ f. sam. soir et dim. (h.s.), 20 déc.-20 janv., 130-300. Rest. ♦ ♪ 100-200.

Restaurant :

● ♦♦ *La Ferme Champ-Rond*, chemin des Anthelmes, ☎ 90.37.31.68, Euro Visa P ⚘ ♨ ⚘ ♪ ♿ f. lun. et dim. soir, 11 janv.-28 fév. Une fontaine qui chante l'été ; un bon feu l'hiver. Une table aux saveurs régionales, du vin de pays et un accueil chaleureux font de cette maison une halte bien agréable, prix raisonnables, 110-150 ; enf : 45.

Ⱥ ★★ *La Coronne* (135 pl.), ☎ 90.35.03.78.

Nos bonnes adresses :

Manifestations : *nuit du Petit-Saint-Jean*, 23 juin ; *festival de théâtre*, en juil.-août.

VISAN, ✉ 84820, 9 km S. de Valréas par D 976.

Restaurant :

● ♦♦ *Les Troubadours,* Le Château, ☎ 90.41.92.55, DC ♿ 🐕 f. lun. et mar. et oct. à Pâques. Heureuse association de R. Jacquemet, cuisinière, et P. Desportes, artiste de music-hall, installés à l'ombre des ruines d'un château du XIIe, dans la fraîcheur d'une salle creusée dans la falaise. Honnête cuisine lyonnaise : feuillantine de jambon, saucisson beaujolais. Côtes-du-Rhône à prix légers. Sur demande, après le dîner, un spectacle époustouflant de marionnettes à fils, 110-175.

LE VENTOUX★★

Circuit au départ de Carpentras *(76 km, une journée)*
Harcelé par un mistral qui souffle ici avec une vigueur exceptionnelle, le vieux *mons ventuosus* ressemble de loin à quelque géant déplumé et tranquille, à un « Fuji-Yama comtadin » que l'hiver coiffe d'une calotte de neige. Sur ses pentes, croissent jusqu'à 800 m l'olivier et le chêne vert. De 800 à 1 600 m, c'est d'abord la région du hêtre et du chêne blanc qui laissent la place ensuite aux pins (pins d'Alep, pins sylvestres et pins à crochets), puis aux cèdres du Liban★, aux sapins et mélèzes. Au pied du « géant de Provence », les côtes-du-ventoux donnent des vins blancs secs et nerveux, des rouges pleins de bouquet et des rosés souples et frais.

▸ **Carpentras** (→). ▸ D 974. ▸ **Crillon-le-Brave** *(à g. 2 km),* l'ancien fief du célèbre compagnon d'armes de Henri IV. ▸ **Bédoin,** charmant village au pied du Ventoux. Dans l'église retable de 14 panneaux attribués à Mignard. ▸ Chênes, cèdres et hêtres accompagnent la route de montagne. ▸ **Chalet Reynard** (1 460 m), petit centre de ski à la lisière de la forêt. ▸ **Col des Tempêtes** (1 829 m), dans un univers de pierrailles blanches (vue★). ▸ **Sommet du Ventoux** (1 909 m) : par temps clair, le panorama★★ embrasse le Dauphiné, la Provence, le Vivarais et les Cévennes. ▸ Petit centre de ski du **Mont-Serein** *(à dr.,* 1 428 m). ▸ **Belvédère du versant N.** : vue sur les Dentelles de Montmirail★ (→ Vaison-la-Romaine). ▸ **Source du Grozeau,** à l'ombre des platanes, puis **chapelle du Grozeau** (XIe-XIIe s.) avec des vestiges de fresques du XIVe s. ▸ **Malaucène** forme une agglomération compacte dans sa ceinture d'énormes platanes; église du XIVe s. (buffet d'orgues★, XVIIIe s.), vieilles maisons, fontaines et lavoirs, restes de fortifications lui donnent une certaine allure. ▶ D 938. ▶ **Le Barroux** *(à dr.)*, charmant village dominé par un château★ Renaissance (1539), encore un peu féodal. ▶ **Caromb** *(à g. 2,5 km)*, connu pour ses côtes-du-ventoux ; église du XIVe s. (triptyque de l'école d'Avignon, XVe s.) ; remparts et campanile★ en fer forgé. ▶ **Carpentras** (→). □

LE GRAND CANYON DU VERDON★★★

Circuit au départ de Moustiers-Sainte-Marie *(92 km, une journée)*

« Rien n'est plus romantique que le mélange de ces rochers et de ces abîmes, de ces eaux vertes et de ces ombres pourpres, de ce ciel semblable à la mer homérique et de ce vent qui parle avec la voix des dieux morts » (Jean Giono). Formidable coup de hache qui aurait tranché toute l'épaisseur du plateau, eaux vertes paraissant presque immobiles du haut des falaises vertigineuses, le Verdon est sans doute le plus « américain » des canyons du vieux monde. Petite fiche technique : dans son cours supérieur, le Verdon emprunte les plissements alpins N.-S. et suit, dans sa seconde moitié, la direction E.-O. des plissements provençaux. Depuis Rougon jusqu'au pont d'Aiguines, il y creuse une série de gorges profondes de 400 à 700 m, sur une longueur de 21 km, que la rivière traverse avec une différence de niveau de 146 m et une pente variant de 4 à 14 %.

▶ **Moustiers-Sainte-Marie**★ (→). ▶ La D 952 s'élève au-dessus du lac de Sainte-Croix (vue★). ▶ **Belvédère de Mayreste**★★ *(150 m à dr.)*. **Belvédère du col d'Ayen** (200 m). ▶ **La Palud-sur-Verdon**, petit centre touristique du Verdon. Prendre à dr. dans le village (D 23) la **route des Crêtes**★★★ : les points de vue s'y succèdent, toujours plus extraordinaires à chaque détour de la route. ▶ On passe près du **chalet de la Maline**, point de départ du sentier *(G.R.4)* qui parcourt le fond des gorges jusqu'au Point Sublime *(6 h de marche effective – 8 à 9 h avec les pauses – Pour les randonneurs non exercés, il est conseillé de faire appel à un guide : la marche est éprouvante et l'humeur du Verdon particulièrement imprévisible au printemps et en cas de grosses pluies, mais elle*

« Rien n'est plus romantique que le mélange de ces rochers et de ces abîmes, de ces eaux vertes et de ces ombres pourpres... » (Jean Ciono).

reste inoubliable pour les sites qu'elle révèle; 6 sentiers seul. sont accessibles au public sans danger, rester sur les sentiers, ne pas traverser, ni se baigner dans la rivière, bonnes chaussures, vêtements chauds, nourriture et lampe de poche). ▸ **Belvédère des Glacières★★★**, belvédère de l'Escalès★★★, etc. ▸ **Point Sublime★★★**. A dr., en 5 mn, on atteint le belvédère qui révèle l'entrée du grand canyon. ▸ A 3 km N., **Rougon**, nid d'aigle au pied de ruines féodales (vue★ sur l'entrée du Grand Canyon). ▸ **Belvédère du couloir Samson★** *(à dr. 1,2 km)* où débouche le G.R. 4; confluent du Baou et du Verdon. ▸ **Trigance**, dominé par son château (hôtel). ▸ **Balcons de la Mescla★★★** : le Verdon côté rive gauche, à son confluent avec l'Artuby; la vue est particulièrement grandiose. ▸ La D 71, par la **Corniche Sublime★★★**, suit plus ou moins le rebord du canyon de vue impressionnante en vue extraordinaire (ou vice versa). ▸ A la **falaise des Cavaliers★★** *(hôtel-rest.)*, on peut boire son café tout en admirant les eaux vertes qui glissent 300 m plus bas entre deux murailles grises. ▸ La suite du parcours est de toute beauté : **falaise de Baucher★★, cirque de Vaumale★★.** La corniche s'achève en apothéose au-dessus du **lac de Sainte-Croix★★** (→ Moustiers-Sainte-Marie). □

Adresses pratiques

AIGUINES, ⊠ 83114 Aups, 16 km N.

Hôtel :

★★ *Grand Canyon du Verdon* (L.F.), Falaise des Cavaliers, ☎ 94.76.90.01, 4 ch., 1/2 pens. oblig. (e.s.), f. mercr. (oct.), nov.-mars, 220. Rest. ♦ 50-120.

La PALUD-SUR-VERDON, ⊠ 04120 Castellane, 20 km S.-E. de **Moustiers-Sainte-Marie.**

ⓘ mairie, ☎ 93.74.68.02.

Hôtels :

★★ *Gorges du Verdon* (L.F.), ☎ 92.74.68.26, AE, 35 ch. 1/2 pens. oblig. (e.s.), f. 30 sept., 370. Rest. ♦ Cuisine provençale.

★★ *Le Provence* (L.F.), ☎ 92.74.68.88, 15 ch. 1/2 pens. oblig. (e.s.), f. 12 nov.-11 avr., 135. Rest. ♦ 55-100 ; enf : 30.

⛺★★ *Municipal* (100 pl.), ☎ 93.74.68.02.

ROUGON, ⊠ 04120 Castellane, 8 km E. de **La Palud-sur-Verdon.**

Hôtel :

★ *Auberge du Point Sublime* (L.F.), ☎ 92.83.60.35, Euro Visa, 14 ch. 1/2 pens. oblig. (e.s.), f. 5 nov.-1er avr., 130. Rest. ♦ 45-85.

TRIGANCE, ⊠ 83840 Comps-sur-Artuby, 12 km N.-O. de Comps.

Hôtel :

★★★ *Château de Trigance* (R.C.), ☎ 94.76.91.18, AE DC Euro Visa, 8 ch. 1/2 pens. oblig., f. Toussaint aux Rameaux, mercr. midi (avril, sept. oct.). **Château fort du XIe s. à l'entrée des gorges du Verdon,** 300-500. Rest. ♦♦ f. mercr. (h.s.), 160-220.

Toutes les richesses de la France sont dans les Guides Bleus régionaux.

TITRES DISPONIBLES :
NORMANDIE, PROVENCE-ALPES-CÔTE D'AZUR, BRETAGNE, AQUITAINE, BOURGOGNE, LANGUEDOC-ROUSSILLON, PARIS, ILE-DE-FRANCE, PAYS DE LA LOIRE, TOULOUSE-MIDI-PYRÉNÉES.

A PARAÎTRE :
POITOU-CHARENTES, CORSE, ALSACE.

INDEX

NOTES

NOTES

NOTES

Imprimé en France par Aubin Imprimeur
Dépôt légal n° 2835-4-1989 – Collection 30 – Édition 01
Imprimeur n° P 31121
ISBN 2.01.014660.3 24/1375/5